GW00686294

COLLECTION FOLIO

Yannick Haenel

Je cherche l'Italie

Gallimard

Cet ouvrage a précédemment paru
dans la collection L'Infini dirigée par Philippe Sollers,
aux Éditions Gallimard.

© *Éditions Gallimard, 2015.*

Yannick Haenel coanime la revue *Ligne de risque*. Il a notamment publié aux Éditions Gallimard *Évoluer parmi les avalanches*, *Introduction à la mort française*, *Cercle*, prix Décembre 2007 et prix Roger Nimier 2008, *Jan Karski*, récompensé par le prix Interallié et le prix du Roman Fnac en 2009, et *Les Renards pâles*. Le prix littéraire de la Sérénissime lui a été décerné en 2015 pour *Je cherche l'Italie*.

On lui doit également *Poker*, en collaboration avec François Meyronnis, livre d'entretiens avec Philippe Sollers.

« Il portait en ses mains le feu et le couteau »

Genèse, *XXII, 6*

1

La porte du Paradis

Je suis arrivé à Florence un matin de janvier. La lumière était grise ; une pluie glacée tourbillonnait sous les arcades du Vieux Marché. J'avais passé la nuit dans le Palatino, le train qui relie Paris à l'Italie, et voici qu'en traversant le quartier de San Lorenzo je riais de bonheur. J'étais trempé, mais la tempête ne m'atteignait pas : la simple idée de marcher dans la ville de Dante, de Masaccio, de Michel-Ange suffisait à ma joie.

J'attendais tout de l'Italie : des aventures et du repos ; des sensations de feu ; de l'apaisement. Je désirais une vie large et bleue, loin des angles morts de la France. Je n'avais absolument aucun but : juste du temps, et une soif immense d'églises, de fresques, de sculptures ; comme le narrateur dans Proust, je brûlais d'« inscrire les dômes et les tours dans le plan de ma propre vie ».

On était en 2011. Berlusconi était encore au pouvoir. Impossible d'oublier sa tête : placardée dans tous les kiosques, en une des journaux, on ne voyait qu'elle. Et partout, en gros titres, l'expression : « BUNGA BUNGA ». Berlusconi était entouré, sur chaque photographie, de jeunes femmes en tenue légère qui formaient autour de lui un cortège vénal. La vulgarité est toujours infernale : Berlusconi souriait. Ce sourire éclaboussait la ville : il proclamait la satisfaction du souilleur.

Il était à peine neuf heures du matin. On me donnerait les clefs de l'appartement à dix-huit heures. Demain, très tôt, le camion de déménagement arriverait, puis, dans l'après-midi, Barbara et notre fille. J'avais la journée devant moi ; cette joie que tous les voyageurs connaissent accordait à mon arrivée la fraîcheur d'une aventure : une vie nouvelle s'ouvrait, et il semblait facile de la vivre.

Au milieu de la via Cavour, je m'abritai sous un porche pour fumer une cigarette. C'était le palais des Médicis. À travers la grille, je pouvais distinguer la cour intérieure : une colonnade en pierres gris-bleu courait autour d'une statue d'Orphée. J'avais souvent imaginé Laurent le Magnifique, accompagné du philosophe Marcile Ficin et de l'extraordinaire Pic de la Mirandole, descendre dans cette cour où l'on tendait à chacun la bride de son cheval : ils étaient jeunes, studieux, pleins de gloire, et vêtus de soie pourpre, ils flambaient dans les rues de Florence, au galop jusqu'à Fiesole, vers les collines, vers les villas.

Un jeune Noir avec un grand K-way rouge s'arrêta pour me vendre un parapluie. Je lui dis que je n'en voulais pas : « *Mi piace la pioggia* » (J'aime la pluie), dis-je en baragouinant. Le jeune homme insistait, il sortit de son sac à dos des mouchoirs, des porte-clefs, des chewing-gums. Je lui donnai un peu d'argent et lui offris une cigarette. On se mit à fumer tous les deux en regardant la pluie. Elle tombait avec la violence d'un déluge : déjà, d'immenses flaques débordaient sur les trottoirs.

Le jeune Noir était sénégalais, il venait de l'île de Gorée. J'avais vécu à Dakar dans mon enfance, nous parlâmes un peu de son pays, et de l'Italie où, selon lui, il était impossible de vivre. Aucun travail ici, la crise faisait mal, et pour les étrangers c'était un calvaire. Il passait ses nuits sur une moitié de matelas dans un hangar, loin de Florence ; il fallait prendre le train très tôt et chaque jour trouver de l'argent sinon on était jeté dehors. Ses yeux étaient rouges, il s'accroupit, l'air égaré, le dos contre le mur, et chantonna en fermant les yeux.

La douceur d'un tel chant était déchirante ; il y avait, dans cette pauvre mélopée où se crie l'exil, une ampleur qui grandissait sous la voûte et se libérait comme un gospel, plus sombre, plus grave, en tournant dans la cour des Médicis ; la voix de ce jeune homme avait traversé des siècles, et depuis Gorée, l'île des esclaves au large du Sénégal, elle répétait le vieux murmure des souffrances : le monde des vivants, disait-elle, ne cesse de mentir.

La pluie se calma, je saluai le jeune Sénégalais et repris ma route.

Je débouchai sur la piazza del Duomo. Le vent y tournait comme sur l'océan déchaîné. J'avais espéré cette lumière bleue et dorée qui donne aux paysages toscans leur splendide indifférence ; mais le ciel était obstinément gris, presque noir. J'avançais sous la pluie, le visage dégoulinant, mon manteau lui-même n'était plus qu'une flaque.

La cathédrale, le Baptistère, le Campanile : tout me sauta aux yeux. C'était énorme, abrupt, blanc comme la foudre. Ces trois volumes de marbre, en se tournant l'un vers l'autre, inventent un rapport informulable – une figure de l'esprit. Je les voyais entrer dans l'espace, s'attirant, se poussant l'un l'autre : sphère, rectangle, tube, les trois formes bougeaient avec des éclats verts et roses, comme des animaux divins, et de ce mouvement fou se déduit un intervalle qui n'est comblé par rien.

Chaque fois que l'espace s'ouvre, je vois la Baleine. Melville compare Moby Dick à la basilique Saint-Pierre. C'est à la fois un œil, un trou et le coup de force qui, dans le ciel, fait vaciller les proportions.

L'espèce de roman qu'est devenue ma vie depuis une dizaine d'années fait apparaître à tout propos des noms qui m'ouvrent un chemin. C'est eux qui m'indiquent la reprise des aventures : je n'existe qu'à travers des éblouissements. Je compris, ce premier matin, que Florence n'est pas seulement une ville avec ses banques, ses commerces et ses monuments, ni même ce musée vivant que décrivent paresseusement les guides, mais une trouée dans l'univers.

Je reçus un sms de Barbara, qui, depuis Paris, me souhaitait la bienvenue. Elle était née à Prato, la ville voisine ; c'était une vraie Toscane – une *Étrusque,* comme je l'appelais. Pour elle, venir habiter à Florence avec moi, après dix années à Paris, c'était une manière de retrouver son enfance. À la fin de son sms, elle avait joint ces vers de Laurent le Magnifique :

> *Quant'è bella giovinezza*
> *che si fugge tuttavia !*
> *Chi vuol esser lieto, sia :*
> *di doman non c'è certezza*
>
> (Comme est belle la jeunesse
> qui s'envole si vite !
> Soyez heureux, n'attendez pas :
> demain n'est jamais sûr.)

Je me disais : l'Italie est une source, et celui qui parvient à vivre à la source s'ouvre le chemin du bonheur. Voilà : nous venions ici pour être heureux.

La pluie avait durci, elle tombait sans relâche. Je me suis approché de la porte du Baptistère. Elle était toute dorée – elle brillait comme un joyau. C'était la porte sculptée par Ghiberti, celle que Michel-Ange, admiratif, nomma la porte du Paradis.

Dix panneaux figurent des scènes de la Genèse ; ils s'écrivent dans le miroitement du bronze ; des feuilles d'or y allument des éclairs où viennent tournoyer les élans de l'Écriture, ses déchire-

ments, ses envols, le silence où s'accomplit sa prophétie.

Il y a le corps allongé d'Adam, sa tête repose
dans le creux de sa main, son affliction étrange
annonce le Christ ; des anges élèvent le corps
d'Ève à travers les airs, et sa grâce est parfaite : on
voit bien qu'une telle nudité s'égale à la Créa-
tion, qu'elle éclipse le reste, légère, comme un
flocon de neige ; puis Adam et Ève sont expulsés,
les voici qui traversent une porte, et si cette porte
est bien celle qu'on regarde, ils viennent à nous,
ils sont ici, à nos côtés.

Le petit ventre d'Ève est désirable, il brille
maintenant, ses éclats glissent dans la lumière.
La solitude d'Ève m'émeut, son désir de vivre est
absolu, c'est la *ragazza indicibile* des Mystères,
celle qui connaît la prairie des origines, celle qui,
entrant et sortant de l'abîme, possède la clef des
récits.

Puis ce sont des montagnes aiguës, des à-pics,
des corps courbés sous l'effort, et les bras levés
de Caïn qui s'apprête à tuer son frère. Noé, ivre,
est allongé lui aussi comme Adam, tandis que les
animaux trouvent leur chemin dans le monde et
que ses fils tiennent conseil ; il y a un petit fagot
de bois au pied d'un autel où se prépare le sacrifice d'un bouc, pour plaire à Dieu ; les bras se
lèvent encore, vers le ciel qu'on interroge, et tout
file jusqu'aux cèdres immenses, dont les troncs
adorables rappellent les gestes d'Ève : trois anges
se penchent sur Abraham, sa femme sort de la
tente, elle rit.

Plus haut, là-bas, au sommet d'une montagne où ils sont montés afin de s'exposer au regard de Dieu, Abraham lève un couteau pour égorger son fils ligoté sur un fagot; une main arrête le geste d'Abraham : c'est un ange – il semble venir tout droit de la porte qu'Adam et Ève ont franchie, et tout, sur ces panneaux, semble franchir à chaque instant une porte, tout semble simultanément passer d'un état du savoir à un autre.

La Genèse raconte cette extase : des illuminations affluent pour fonder une histoire. Voici que Moïse reçoit les Tables, le Sinaï s'enflamme dans une voix, les Hébreux reçoivent la lumière. Le désert s'arrête enfin, et ce sont des palais, des clans, des guerres : les hommes et les femmes s'affairent, il y a Jacob et Ésaü, Joseph, Josué devant les murs de Jéricho, David en triomphe sur un char, et réunis au terme de ce parcours, au-dessus d'une mêlée de fête qui les consacre, la reine de Saba et Salomon se tiennent la main, comme si Adam et Ève, perdus dans le temps, n'avaient cessé, sous d'autres incarnations, de tendre vers cet instant de gloire où *l'amour est retrouvé.*

La pluie avait cessé. Une lumière s'emparait de la ville, et c'était bien la lumière annoncée, celle qui comble à l'avance le voyageur de Proust, lui qui n'ira pas à Florence, mais qui rêve son séjour au point de le vivre entièrement dans ses phrases : une « lumière matinale, poudreuse, oblique ».

Je répétais ces mots en les savourant : « lumière matinale, poudreuse, oblique ». C'est dans *Swann,* je crois. Le narrateur rêve aux villes italiennes ; parmi elles, « deux cités Reines », Venise et Florence, se partagent ses faveurs. Il ira à Venise ; pas à Florence.

J'y étais, moi – j'étais bel et bien là. En un sens, je faisais ce voyage à sa place. Car rien n'est moins sûr que la présence ; qui peut dire sérieusement : « J'existe » ? Eh bien ce matin, une chose était sûre : j'étais là – vraiment là. La porte du Paradis, la pluie, le chant du jeune Noir et la tête affreuse de Berlusconi formaient un espace qui s'ajustait à mon esprit.

Alors oui, « matinale, poudreuse, oblique » : c'était la lumière que j'espérais, son dégagement brutal, ce couteau de clartés qu'elle prodigue avec un plaisir sec. Le ciel est dur ici, d'une blancheur obstinée, même en janvier. Cette blancheur vous réclame : l'air existe pour élargir le vide – pour inventer des clairières.

J'étais absorbé par le flot de lumière de la porte du Paradis. Comblé. Presque égaré. Il y en a qui prient, moi j'ai des extases. Le mot peut sembler excessif, il désigne pourtant ce qui m'arrive lorsque j'aborde une frontière. Face à la porte du Paradis, avec mon stock de phrases et ma joie de voyageur, j'accomplissais un rite : la porte n'était pas qu'un symbole – j'étais en train de me placer sous sa protection.

Est-il possible que la contemplation conduise à la jouissance ? Ces petites scènes de bronze s'animent comme de la dentelle, et la dentelle est féerique, elle danse, elle oublie ses limites : avec elle, ce matin, je brûlais.

Je n'étais pas étonné de devoir passer par un feu : on n'approche de son désir qu'en affrontant ce qui l'empêche. Existe-t-il un désir qui brûle sans se consumer ? Je regardais ce groupe de femmes qui, dans le panneau consacré à Jacob et Ésaü, sont tournées l'une vers l'autre. Je me disais, comme Rimbaud : « Je vois des femmes, avec les signes du bonheur. »

Elles sont quatre, et les plis de leurs robes contiennent un trésor d'histoires sexuelles ; leurs noms me reviennent : Rachel, Léa, Bilha, Zilpa ; Jacob couche avec chacune d'entre elles, il ne fait que ça, coucher, son destin en dépend, d'une manière presque comique. L'une de ces femmes porte sur la tête un paquet, qu'elle retient d'une main, avec un geste de servante qui ressemble à ce mouvement où Aby Warburg, l'historien génial et fou de la Renaissance, a détecté l'image antique de la bacchante. Je me disais : si cette femme est en proie au délire bachique, qu'y a-t-il dans son paquet ? En riant, j'ai pensé : la tête d'un homme. Celle de Jacob ? Alors cette porte dissimule un récit secret, la place du Duomo est un lieu dangereux, je dois prendre garde à ne pas perdre la tête.

Durant la nuit, allongé sur la couchette du train, j'avais ressassé mes raisons de vivre. Pourquoi venais-je en Italie ? Une formule tournait dans ma tête, cette vieille formule usée : « FAIRE LE POINT ».

Oui, j'allais *faire le point,* comme on fait le vide – comme on ajuste une focale. L'arrivée de l'infini dans une existence ne se prévoit pas : en contemplant la porte, en suivant ces cortèges qui volent, ces jeunes filles drapées comme des anges et ces pierres de sacrifice où les animaux et les hommes échangent leurs vies à la lueur d'un couteau, en me glissant parmi ces tournoiements de lignes qui sont invisibles et s'embrasent comme des feux rituels j'avais compris que ce point n'était pas fixe, et qu'en un sens, il ne se trouve nulle part ; j'apercevais une lueur, mobile et frémissante, qui ne cessait de passer d'un panneau à un autre, comme un feu follet ; et cette lueur, ce matin, s'adressait à moi.

Quelque chose avait donc lieu ici et me traversait, *comme si j'étais invité.*

Invité à quoi ?

Le point le plus vivant n'habite plus dans le monde qu'on dit « réel », celui de la valeur chiffrée, celui de la circulation instantanée de l'argent. À une époque où la crise financière a débordé le monde, où elle a remplacé *pour toujours* l'idée de destin, où la spéculation financière prévaut sur l'ensemble des inscriptions, et les réduit l'une après l'autre à rien, le point s'éloigne ; et sans doute est-il devenu complètement étranger à nos préoccupations, oublié derrière l'épaississement de la sensibilité, comme une perle qui roule, inutile, sous un vieux meuble.

Car en même temps que je contemplais béatement les formes dorées de la porte, j'entendais deux mots qui me gâchaient la fête : « BUNGA BUNGA ». Ces deux mots me harcelaient, comme des mouches ; j'avais beau faire vibrer dans le nom de Florence toute la densité de poésie qu'il contient, me concentrer sur le sacrifice d'Isaac ou sur la beauté des sibylles de Ghiberti, je n'arrivais plus à chasser de mon esprit cette sonorité grotesque : « BUNGA BUNGA ».

Je me disais : si l'Italie est ruinée, si ça va mal dans ce pays, c'est peut-être parce qu'on y est séquestré dans le ridicule – hypnotisé par la souriante vulgarité de Berlusconi, rabaissé par son inepte slogan. Car rien n'est plus vil, me disais-je, que la répétition de ces deux syllabes : « BUNGA BUNGA » ; et si un tel doublon primal était censé suggérer le caractère des soirées de Berlusconi, il ressemblait pourtant moins à un cri de ralliement en faveur de l'orgie qu'à une proclamation de souillure. « BUNGA BUNGA », ça faisait un peu penser à « BLING BLING », mais en beaucoup plus toxique : là où la frime du président de la République française ne parvenait qu'à encrasser les rouages, la désinhibition berlusconienne infectait le fonctionnement même de l'Italie, elle allait plus loin encore dans l'abjection : elle s'employait à salir, à avilir la culture italienne, et non seulement à chier sur la tête de chaque Italien, mais à lui faire avaler sa merde. Que tout se change en merde ; que rien, et surtout pas l'art ou la poésie, ne soit épargné ; que chaque geste, chaque parole, chaque existence ne respire qu'à hauteur d'étron. L'avilissement est le dernier stade de la destruction : on était incarcéré dans une de ces bolges de *L'Enfer* de Dante, celle où le corps des fraudeurs est englouti dans leurs excréments :

> *Vidi gente attufata in uni sterco*
> *che da li uman privadi parea mosso*
>
> (Je vis des gens plongés dans une fiente
> qui semblait tirée des latrines humaines)

La tête de Berlusconi, celle qui paradait en couverture des journaux, je la voyais maintenant émerger d'une bauge, le sourire et les dents pleins de merde, comme le diable des latrines : « *Vidi un col capo di merda lordo* », écrit Dante (J'en vois un dont la tête est pleine de merde).

Il s'en gobergeait, de ce festin de salissure : n'avait-il pas justement déclaré, lors d'une conversation téléphonique enregistrée par des juges, que l'Italie était un « pays de merde » ?

Difficile, dans ces conditions, de discerner le point de poésie. Si la société organise son effacement, chaque expression de vulgarité participe à sa liquidation : l'exil du point résume notre époque.

Mais ce matin, j'entrevoyais un intervalle : c'est précisément dans le pays le plus touché, celui où l'on vise l'idée même de *renaissance*, qu'il était possible de trouver une brèche. Au fond, si j'avais débarqué ici, à Florence, c'était pour m'y consacrer : « faire le point » consiste d'abord à partir à sa recherche.

Ce point, Dante le nomme « *il punto a cui tutti li tempi son presenti* » : le point auquel tous les temps sont présents.

Y accéder implique une endurance qui, peut-être, n'existe pas encore : faudra-t-il franchir cette porte et s'« emparadiser », comme dit Dante ?

J'ai avancé la main à travers la grille pour toucher la porte. Le bronze était froid, mouillé. J'en ai porté une goutte à ma bouche. J'ai frissonné, puis j'ai gardé les poings fermés le long du corps. Cela me suffisait : je n'allais quand même pas égorger un agneau. Peu importe la nature du rite, seuls comptent les gestes qui l'accomplissent ; ils sauront secouer tout esprit qui n'est pas entièrement asservi à ce qui l'entoure. Cet écart à l'intérieur de la pensée qui se laisse toucher par les rites est un lieu indemne, où rien de l'enfer n'accède. Un *lieu libre* où des feux s'enroulent, où des visions se renvoient leurs reflets jusqu'à l'impossible. Depuis ce lieu, je vois un cheval ; je vois que la pluie est une ivresse ; le point, un escalier ; et voici que je descends par cet escalier dans la salle des Mystères.

Ce n'est pas tous les jours qu'on se retrouve devant une porte. J'ai répété la formule de Dante : « le point auquel tous les temps sont présents ». Voilà, une ville comme Florence, avec son immense proposition artistique, allait me rendre présents tous les temps, faire étinceler toutes les époques ; et de ce croisement, à coup sûr, jaillirait un trésor inédit, une source de nuances, une mémoire en avant, comme le XVe siècle avait vu naître une nouvelle conception de l'existence à partir de la résurrection des textes antiques qui avait rencontré ici même les aspirations d'un monde se libérant de l'oppression féodale.

La catastrophe *révèle*: en survivant inlassablement à sa propre ruine, en se nourrissant de la mort du politique, l'Italie, en dépit de sa misère – ou précisément à cause de celle-ci –, n'est-elle pas devenue le lieu le plus approprié pour vivre la fin du temps occidental et pour faire – en même temps – l'expérience du retour secret de toutes les époques ?

Ce premier jour me le disait, j'allais vivre ici une expérience décisive, sans doute imperceptible, une expérience qui, en brouillant mes repères, allait m'accorder un savoir ajusté à l'époque : une *expérience intérieure en temps de crise*.

J'envoyai à Barbara un sms en réponse au sien. C'étaient trois mots de Laurent le Magnifique ; sa devise, inventée par Verrocchio, qui flottait en lettres d'or sur son étendard :

Il Tempo ritorna

(Le Temps revient)

Voilà, le point fait coïncider ce qui disparaît avec le retour de tout ce qui a été : il remplit tout ; et en même temps, il est ouvert.

Il serait donc possible, aujourd'hui, qu'une simple expérience poétique ait l'œil – ait l'esprit

– ait la force ? Qu'elle soit exactement contemporaine de ce qui déferle de tous côtés sur la Terre ?

Un révolutionnaire français, exilé à Florence trente ans avant moi, aimait dire ceci : « Un homme est défini par ce qu'il entend, pratiquement, par poésie ; donc ce dont il se contente sous ce nom. »

Il citait ensuite Hegel : « À ce dont un esprit se contente, on reconnaît l'étendue de sa perte. »

Je ne me contente de rien. Je veux jouir poétiquement de l'existence. Je veux connaître la liberté maximale. C'est pourquoi je suis venu vivre en Italie.

Et puis je l'ai dit : je *crois* au roman, à cette alchimie qui transforme les détails quotidiens en signes, y mêle vos désirs, vos attentes, vos rencontres, et procure une forme à votre vie. Que vous le vouliez ou non, une parole s'écrit ainsi ; elle vous porte, comme une monture de chevalier – et prend figure de destin.

Je me crois dans un roman, donc j'y suis : le savoir commence ici.

La vie personnelle est une figure de la liberté ; rien d'autre n'a d'importance. Je me promène, l'esprit ouvert, et ce qui me trouble m'offre des étincelles d'existence.

Voilà : j'attendais devant une porte, d'une manière un peu folle, qu'une chose arrive. Quelle chose ? Que peut-il nous arriver, au début du XXIe siècle, dans ce monde entièrement unifié ?

La pluie avait un peu repris, mais le ciel était clair. Quelques silhouettes apparaissaient au loin, munies de parapluies, mais la place était encore déserte.

Je m'aperçus qu'un cheval me regardait. Il était attelé à une calèche pour touristes, qu'on avait recouverte d'une bâche kaki. Il attendait sous la pluie, les yeux bornés par des œillères de cuir, avec cet air de soumission évasive qui fait croire aux humains qu'ils sont les maîtres. De temps en temps, il claquait ses sabots sur les pavés, secouait sa crinière et continuait à me fixer. Est-ce que lui aussi se concentrait sur son rite ?

La pluie qui tombait sur sa robe marron l'entourait d'un halo. Je pensai brièvement à Nietzsche, qui, sur une place, à Turin, s'était jeté au cou d'un cheval et, ce jour-là, était passé de l'autre côté de la raison. Une phrase me traversa la tête : « Les dieux perçurent cette foudre : le cheval. » D'où sortait une telle phrase ? Les Veda, sans doute. Peu importe, je la répétai avec plaisir : « Les dieux perçurent cette foudre : le cheval. »

C'était la description la plus juste de cette présence éclair qui semblait venir de la pluie pour se consacrer au temps – qui prêtait son volume à une énigme souple et calme. La solitude d'un cheval est une œuvre d'art. Était-il là depuis des siècles ou venait-il d'apparaître ? C'est la même chose. Ce cheval est comme moi, me disais-je : il regarde passer des lueurs – il est disponible pour les clartés futures.

Quelque chose traverse ces formes légères, comme une voix de silence, une chose qui est de passage : tout en venant, elle s'éloigne. Cette épiphanie bleue et blanche qui salue depuis son velours, là-haut, entre le Dôme et le Campanile, c'est peut-être ce qu'on nomme un « dieu » ou une « déesse ».

Comment savoir ? Peut-être est-ce ce « dieu de l'Italie » qu'a aperçu Nietzsche il y a plus d'un siècle, un dieu qui se rit des dieux, un dieu ou une déesse qui ne fonde aucune communauté, qui pulvérise les religions, qui s'évade hors des limites de la société, hors de la petite gestion humaine.

Un dieu, une déesse, qui respire en dehors de la foi, en dehors de l'espérance, et même en dehors de la charité ; un dieu, une déesse, qui habite l'élément du langage ; qui apparaît et disparaît à travers la parole ; qui se déploie sous le nom de poésie.

Cette nuance un peu cruelle de bleu qui crépitait ce matin-là entre les rues de Florence, si c'est un dieu, alors c'est un dieu qui peint, qui chante, qui habite le plaisir, les détails, les nuances. Un dieu féminin qui s'exprime à travers l'art, qui anime les coupoles, les dômes, les plafonds, les arcades, les pontons, les ruelles : c'est ce dieu sensuel, batailleur et litigieux, plein de malice et d'extases que le Quattrocento a inventé, tout en étant inventé par lui : Masaccio, Ghiberti, Brunelleschi, Donatello, Uccello, Fra

Angelico, Ghirlandaio fondent ensemble l'éclair qui baptise Florence, cette ville-esprit.

J'avais froid maintenant, il me fallait un café. Je me suis dirigé vers la terrasse couverte qui fait face au Baptistère. C'était chauffé. Il y avait quelques couples qui prenaient leur *cappuccino*, un type qui téléphonait en fumant une cigarette, et une jeune fille qui tapotait sur son portable.

J'ai commandé un double café et une brioche, puis un vin chaud, car je grelottais. Le serveur m'a apporté des serviettes en papier pour m'essuyer le visage ; il m'avait vu tourner autour du Baptistère sous la pluie battante ; il riait : « *Ti piace l'arte, vero ?* » (Toi, tu aimes l'art, hein ?)

Il y avait des journaux sur les tables : *La Repubblica, La Nazione.* Partout, la tête de Berlusconi ; partout les mots « BUNGA BUNGA » – et là-dessus, le sourire du ruineur, celui qui observe les autres en train de se détruire, qui jouit de la décomposition, qui en remet, encore et encore, jusqu'à ce que plus personne ne puisse se dire innocent, et que la mort se mette à sourire.

On l'accusait d'avoir organisé dans sa villa de campagne, à Arcore, des soirées pendant lesquelles des dizaines de jeunes femmes se prostituaient ; leurs prénoms formaient dans la presse une litanie de harem : Ruby, Aida, Belen, Sara, Nicole, Camilla, Eleonora, Imma, Noemi ; la plupart possédaient les attributs de la séduction porno contemporaine : seins refaits, lèvres gonflées, cambrures réifiées, leur corps ne s'adressait qu'au spectacle, c'est-à-dire à la rentabilité de chaque attitude ; certaines avaient avoué : c'était Berlusconi lui-même qui les payait ; l'une d'entre elles était mineure, ce qui ajoutait à ce festival d'obscénités un caractère criminel ; et il apparaissait qu'à la tête de ce trafic, la rabatteuse en chef – une pulpeuse dentiste au passé de starlette –, avait été récompensée par Berlusconi qui l'avait nommée parlementaire.

Ruby, la jeune fille mineure, évoquait un sous-sol de la villa où se trouvait, disait-elle « la salle de bunga bunga, avec un pilier pour le lap dance » ; et l'on apprenait que la dentiste-entremetteuse y officiait, vêtue en nonne. L'exhibition est l'autre nom de la platitude : tout, dans cette histoire, relevait de la farce pénible – du téléfilm ringard. Et pour se défendre, Berlusconi affirmait que ces femmes étaient des « invitées » ; d'ailleurs il les hébergeait gratuitement dans un immeuble, à Milan, où elles étaient « protégées » ; il s'en prenait aux juges, qui selon lui s'acharnaient sur son cas ; ainsi avait-il prononcé à leur propos cette phrase historique, que j'avais notée ce matin-là sur mon cahier, tant son cynisme involontaire me semblait signer l'époque : « *Ils m'ont blessé dans ce que j'avais de plus profond : mon image* » ; mais bien entendu, Berlusconi, en aucune façon, n'était blessé : il jubilait au contraire d'avoir entraîné la politique, et avec elle tout un pays, dans des bas-fonds si pitoyables qu'il serait impossible d'en remonter : la souille est sans remède.

Avec le vin chaud, une légère ivresse me tournait la tête. Je regardais cette place qui s'ouvrait devant moi comme une vallée très ancienne et familière. C'est le lieu, me disais-je – *c'est là*. Ce n'est pas tous les jours qu'un espace vous semble libre, encore moins favorable : la cathédrale, le Campanile, le Baptistère, l'éclair bleu-blanc qui passe de l'un à l'autre, la porte de Ghiberti et le cheval – tout se rencontrait avec une souplesse qui m'indiquait la voie.

J'étais là, et j'allais quelque part. Où ? Je l'ignorais. La direction est silencieuse. On s'initie. J'avais quarante-quatre ans, j'aimais une femme, je vivais avec elle, notre fille venait de naître. J'écrivais des livres ; le dernier avait eu du succès. Que demander de plus ? Rien, je ne demandais rien. Le bonheur est semblable aux nuits blanches, quand la fête est plus forte que le sommeil. On ne s'initie à rien d'autre qu'au fait de vivre.

2

Le déluge

Les premières semaines, il ne cessait de pleuvoir. J'étais obsédé par l'idée du déluge. Florence est une ville à la merci des eaux; l'Arno déborde régulièrement; ses crues sont féroces.

Roberto, le patron du Robiglio où j'allais prendre mon café, me raconta que durant l'inondation de 1966, il avait vu l'eau rompre les murailles de la ville et emporter un cheval dans le courant; ce cheval, disait-il, avait basculé depuis le Ponte Vecchio, dont on avait évacué dès le premier jour les boutiques de joailleries; il tirait une carriole de fruits et de légumes, et en versant dans l'Arno, il s'était libéré de son harnais tandis que la carriole, après avoir commencé de chuter, était restée accrochée au rebord du pont.

Le fleuve était boueux, presque vert; il grondait comme le tonnerre. L'Arno était un vrai chaudron, disait Roberto : un chaudron de feu verdâtre où tourbillonnaient des patates, des carottes, des tomates, des courgettes, et où, ajoutait-il en riant, mijotait de la viande de canasson affolé. Il se souvenait de la dentition specta-culaire du cheval dont la bouche semblait hurler hors du bouillon : à cause du tumulte des eaux, on n'entendait rien, disait-il, mais on devinait le cri muet du cheval qui pressent sa mort.

En écoutant Roberto, je voyais défiler dans ma tête les montures des condottieri peintes par Paolo Uccello, cabrées, dodues, roses et bleues, celles qui, dans *La Bataille de San Romano,* sont hérissées de lances qui leur font une crinière de pics ; elles passaient le fleuve au galop, indiffé-rentes aux corps des morts qui flottaient, le ventre rond, comme au temps de la peste.

Roberto était de ceux qui avaient ce jour-là sauvé le cheval en lançant des cordes depuis les berges de l'Oltrarno. À Florence, on sait faire le rodéo, ajouta-t-il en riant. En sortant de l'eau, le cheval, pris à l'encolure, puis aux jambes, ne tenait pas debout : il titubait comme un nouveau-né.

Je voulais absolument voir les fresques du *Déluge* peintes par Uccello sur les murs du cloître de Santa Maria Novella. Selon Roberto, il était impossible de les voir : elles avaient été presque effacées par le temps – l'inondation terrible de 66 y était pour quelque chose –, et puis le cloître était rarement ouvert, et les horaires aléatoires, comme toute chose en Italie. J'essayai plusieurs fois et trouvai porte close.

Roberto ne comprenait pas ce que je faisais ici : le pays est mort, disait-il, tous les jeunes gens sont partis chercher du travail en Allemagne, en Angleterre, dans les pays nordiques, et même à

Paris ; il ne restait plus à Florence que des vieux, des touristes et des historiens d'art.

Quant à lui, il n'avait jamais quitté l'Italie : il ne connaissait que la Toscane. Il était allé une fois à Rome, mais à contrecœur : selon lui, les Romains étaient des gens vulgaires. C'était un vieux communiste qui allait à la messe, chaque dimanche ; il adorait Padre Pio et trouvait insupportables les politiciens actuels qui ne croyaient en rien et n'obéissaient qu'à des intérêts financiers. Il détestait d'ailleurs autant Moscou que Rome : « Le Kremlin trahit le peuple et le Vatican trahit Dieu. Un vrai communiste aime son prochain ; et un vrai catholique aime les ouvriers. »

Roberto avait servi dans tous les restaurants de Florence, avant de devenir le gérant de ce café où je venais lire les journaux en fin de matinée. À soixante-treize ans, il avait une élégance de noctambule : sa mélancolie était une manière de garder le cap. *« I Toscani hanno il cielo negli occhi e l'inferno in bocca »* (Les Toscans ont le ciel dans les yeux et l'enfer dans la bouche), me dit-il, énigmatique, en tirant sur sa cigarette.

J'observais depuis ma chambre le ruissellement continuel de la pluie sur la terrasse. Elle était entièrement vide, et formait une étendue mouillée où se reflétaient les nuages. Seul un olivier en pot, près des chaises longues repliées contre le mur, se dressait dans ce vide que la buée changeait en nuage. Cet olivier, j'en appréciais la minceur. Lorsqu'il pleut, rien n'existe que cette fierté qui vous maintient droit. Le ciel est un désert qui oublie de sourire. L'olivier, au contraire, figurait sur la terrasse une affirmation verticale ; sa silhouette était longue, noueuse ; ses branches touffues lui donnaient un air irréductible.

Les oliviers n'aiment pas l'humidité : ainsi Barbara l'avait-elle recouvert d'un sachet en plastique blanc ; sa présence encapuchonnée au milieu du torrent continuel était encore plus insolite : la nuit, il semblait nimbé d'une aura translucide, comme une deuxième lune dont la lumière nous faisait signe ; il bougeait au gré du vent comme un phare qui tourne au cœur de la tempête. Au réveil, mon premier regard était pour lui, je me dirigeais vers la fenêtre : il était là, immuable, vaillant ; en un sens, il combattait à ma place.

Cette pluie était un monde, elle installait sa vérité sur des lieux qui se croyaient faits pour un soleil obstiné. Avec elle, une parole se formait. L'eau sacrifie le temps ; elle le soustrait à l'utilité ; il dégouline, rendu à sa transparence. Je regardais la terrasse changée en lac, où venaient miroiter les feuillages des cyprès, du chêne, du noisetier. À certains moments de l'après-midi, les gouttes deviennent solides, rondes, comme des mots. Je m'approche d'elles, doucement je glisse, je m'insinue à travers le flot, je deviens une goutte, une autre, encore une autre, je m'élargis, bientôt je suis la trombe, je suis ce rideau de pluie qui barre la vue aux collines et arrose les ramures du noisetier où je grimpe, comme un souffle léger qui se noue aux branches, comme une caresse. Il n'y a plus qu'un chemin dans l'air et des feuilles qui remuent, trempées : une parole s'écrit ainsi avec de l'eau, sans autre direction que son murmure.

En passant mes journées à la fenêtre, je sentais que je m'approchais de ce fameux point où les époques jouent ensemble. Du moins, je restais disponible au mouvement qui, pensais-je, m'arracherait un jour violemment à moi-même et m'offrirait à ce vertige.

Je prenais garde à ne pas sortir *hors de mon lieu,* comme disent les mystiques. En même temps, je riais : voir un sphinx dans un olivier, est-ce bien raisonnable ?

Celui qui ne fait rien d'utile s'expose à la venue sur lui de signes qui lui suggèrent que le temps lui parle ; mais le contraire est également possible, et si aucune parole ne se fait entendre, cette absence ne relève pas non plus de l'impossible.

Veiller sur un point blanc dans la grisaille est une expérience qui pourrait sembler un luxe arrogant aux travailleurs, mais il ne s'agit pas de cela : le sens de l'activité n'impose aucune limite à ce qui la conteste.

Et sans même que j'y pense, comme un simple reflet de mon attente, un livre, en se tournant vers la pluie, commençait à s'écrire à partir de ses gouttes, et de l'inaction qu'elles ordonnent : un livre où le déluge marquait une entrée dans l'existence.

J'avais vécu il y a quelques années à Rome, où le Tibre lui aussi déborde en hiver, mais ses humeurs n'étaient rien comparées à la grossesse diluvienne de l'Arno.

Je pensais au Baptistère, depuis le premier jour je tournais autour ; avec l'intempérie, il était maintenant cerné par d'immenses flaques qui menaçaient de s'infiltrer à l'intérieur. J'allais en surveiller la hauteur à bicyclette ; je ne pouvais pas m'empêcher de considérer toute cette pluie qui me tombait sur la tête comme une forme, un peu insistante, de baptême.

Avant d'être consacré à Jean-Baptiste, ce baptistère aurait été, selon la tradition, le temple de Mars, lequel régnait sur la ville ; on dit même que le Marzocco, ce lion héraldique qui est avec le lys l'emblème de Florence, dissimule en réalité le dieu de la Guerre.

Je découvris, en feuilletant une *Histoire de Florence*, que lors d'une crue mémorable – celle de 1333 –, la tête du dieu Mars, dont la statue équestre se dressait à l'entrée du Ponte Vecchio, était tombée dans l'Arno. On ne l'avait jamais retrouvée ; depuis, les Florentins disent que l'eau qui baigne Florence est celle de la discorde – de cet esprit factieux qui met ici chacun aux prises avec son rival, les gibelins avec les guelfes, les Blancs avec les Noirs, Florence avec Sienne, et la Toscane avec le reste de l'Italie.

Quelques jours avant cette crue de 1333, qui emporta le dieu Mars et tous les ponts de la ville, un étrange orage avait éclaté au-dessus de Florence ; d'après un chroniqueur, il dura quatre-vingt-seize heures, et fut considéré comme un présage d'apocalypse. Les murs s'effondraient, les tourelles s'abattaient, les tuiles s'envolaient ; les maisons qui tenaient encore debout étaient immergées, et chacun allait d'un toit à l'autre en courant sur des planches.

Chaque jour que je passais à regarder la pluie sur la terrasse me transmettait à la vie des nuances. Au bout d'une semaine, les étagements de balcons et de toits qui s'allègent en direction des collines de Fiesole, les branches des noisetiers, des chênes et des figuiers dont les feuillages s'élargissent jusqu'au petit canal du Mugnone, tout ce qu'on apercevait depuis la fenêtre de ma chambre et qui venait s'étendre le soir avec le vent sur la terrasse vide – tout : chaque nuance, jusqu'à la plus lente, me semblait destinée à être vécue en détail, jusqu'à plus soif.

Vers la fin février, ce paysage mouillé gris et brun fit place à une lumière qui donnait aux journées des reliefs d'argent. Le printemps semblait déjà là ; je découvris les cloîtres et les abords frais de l'Arno ; les ruelles où derrière une porte cochère se blottit un jardin clos de rosiers, d'orangers, de citronniers ou une loggia aux piliers roses ; je passai des après-midi à flâner de musée en musée ou à lire, allongé à l'ombre des cyprès du jardin de Boboli ; j'étais sous le charme – et rien ne venait troubler ces étendues d'apaisement qui m'étaient offertes :

je les avais longtemps convoitées sans y croire, imaginant qu'elles étaient réservées à de plus chanceux que moi.

Vivre ici me semblait une solution : j'avais toujours voulu être seul, délivré du bavardage et de la dispersion ; une ville comme Florence, avec sa fixité splendide, avec son offre immense, comblait mes désirs. J'avais du temps ; mes journées étaient absolument vides et heureuses ; elles se dilapidaient avec une ardeur de féerie.

Une telle ville m'exposait, mieux que Paris, à cette dimension de la nudité où rien ne vous détourne. Une ruelle qui contient du temps, la configuration sereine d'un portail, la justesse d'un trottoir un peu bombé : des minuties me suffisaient. Le détail est toujours insubordonné.

Stendhal voyait dans Florence une ville sans passions, mangée par l'esprit étroit et raisonnable de la bourgeoisie : « Les Florentins de Masaccio et du Ghirlandaio auraient l'air de fous – écrit-il – s'ils se présentaient aujourd'hui au grand café à côté de Santa Maria del Fiore ».

C'est qu'il rêvait de faire de dangereuses rencontres : il pensait à Castruccio Castracani et à Uguccione della Faggiola, ces condottieri capables de passer une ville au feu de leur colère et de raser les tours d'une famille rivale ; et voilà que dans les rues il ne croisait que de « petits hommes effacés » – « INEXALTABLES », écrit-il.

Moi, j'étais comme l'un de ces gibelins du Trecento : complètement exalté. J'avais la tête en feu : ce paysage de collines héraldiques, de châteaux forts isolés parmi les cyprès, mêlé à l'élégance violente, à la grâce un peu rude de Florence, tout m'embrasait ; et dans mon esprit bouillonnait un mélange de chevalerie platonisante et de rugosité étrusco-païenne grâce auquel la Toscane, en sortant de la féodalité, fonde sa spiritualité spéciale, où l'art prend la place de la noblesse.

Certains matins, à peine levé, je courais voir et revoir ce plein azur parcouru d'or qui monte à la tête dans les chapelles de Florence : la Brancacci aux Carmine, la Sassetti à Santa Trinita, la Tornabuoni à Santa Maria Novella, où les fresques de Masaccio, Filippo Lippi et Ghirlandaio tiennent debout comme de grands morceaux de ciel qui flambent.

Je me disais : je vais apprendre à vivre selon ces chapelles ; je vais faire de chacune de mes journées une chambre peinte, avec ses compartiments de couleur et sa narration étagée ; je vais comprimer pour moi le ciel, les palais et les collines dans un petit volume de lumière ; je vais insérer ma vie dans cet univers sans bords.

Et puis je pris l'habitude, puisque le *Déluge* d'Uccello m'était interdit, d'aller voir un autre mur, plus modeste, juste en bas de chez moi. Je suis sensible aux inscriptions : des signes s'échangent ainsi dans les villes ; des appels circulent entre des inconnus. Sur ce mur, il y avait l'inscription « ACAB ». Je venais souvent m'y poster, juste quelques minutes, le temps de fumer une cigarette. Je restais là, adossé contre le mur ; je tenais compagnie au nom d'Acab.

Il y avait une voie ferrée, un petit marché en plein air, un square dégarni, un rond-point, quelques immeubles sans charme. On était bel et bien à Florence, mais c'était un quartier humble. Les Fra Angelico, les Masaccio, les Pontormo étaient un peu plus loin, et même si chaque fresque du Quattrocento vibrait ici dans l'air, parce que cette ville est avant tout une émanation de l'art qui la fonde, les murs de mon quartier ne venaient pas des temps splendides : s'y énonçait une autre idée.

Qu'une ville soit vivable ou invivable, que chaque journée, chaque nuit raconte une oscillation entre ces deux jugements, les murs parlent de ça. « *Firenze città di vecchi* » (Florence ville de vieux) : c'était écrit en lettres rouges, sous le tunnel qui mène à « ACAB ». La rage des murs est toujours incontestable.

Le nom d'Acab appelle pour moi des aventures à la fois bibliques et maritimes : Achab est un roi d'Israël, un roi terrible ; c'est aussi le nom du capitaine qui, dans le roman *Moby Dick* de Melville, chasse à travers les océans la baleine blanche. Son nom désigne une violence, il est le signe de la vengeance ; quelque chose de démoniaque pivote entre ses deux syllabes. Qu'est-ce qu'un tel nom venait faire ici ?

Me poster chaque jour à côté de lui, me *tenir*

sous son nom, est vite devenu un rite. Le temps de fumer une cigarette ouvre une parenthèse ; c'est un moment dégagé de tous les moments, un moment heureux, soustrait à l'utilité. Je me disais : un jour peut-être j'arriverai à élargir cette parenthèse, à ne plus vivre qu'à travers ce grand vide où la solitude, en un éclair, s'égale au monde.

En tout cas, être là tous les jours à côté d'Acab était devenu un acte important pour moi : une manifestation discrète de liberté. En me rapprochant de ce nom, en reconnaissant l'éclat d'une telle trace sur un mur, c'est comme si j'exprimais ma solidarité avec lui – comme si, moi aussi, j'avais pu écrire ce mot sur le mur. Comme si j'étais d'accord.

D'accord avec quoi ? Ce qu'il y a de plus solitaire en nous excède la raison. Ce point que notre fantaisie rejoint allume une cohérence qui, sans elle, n'existerait pas.

Au bout de plusieurs jours passés dans le voisinage du mur, j'ai rouvert *Moby Dick.* Je suis tombé sur ces phrases, où le capitaine Achab s'exprime : « Comment le prisonnier pourrait-il s'évader, atteindre l'air libre sans percer le mur ? Pour moi, la baleine blanche est le mur, tout près de moi. » (En anglais, on voit bien la proximité entre une baleine – *whale* – et un mur – *wall.*)

J'ai donc pensé que ce nom écrit sur un pauvre mur de mon quartier était un appel à percer tous les murs – à renverser ce qui nous limite. À travers le capitaine Acab, c'est de politique qu'il s'agissait ; et ma solitude, spontanément, s'y est reconnue.

J'ai tapé sur Internet le nom ACAB. J'ai alors réalisé à quel point ce mot était, en effet, politique ; il signifie, et moi seul sans doute l'ignorais : *All Cops Are Bastards* (Tous les flics sont des salauds), un slogan inventé en Grande-Bretagne durant les grèves de mineurs des années quatre-vingt, et qui aujourd'hui s'écrit comme un défi sur tous les murs du monde.

J'étais heureux que la baleine et l'insurrection se soient donné un rendez-vous aussi étrange dans le temps ; et qu'à travers le nom d'Acab, elles se rejoignent sous mes fenêtres – pour me faire signe.

Au fond, contempler la porte du Paradis ou le mur d'Acab me transmettait à une vérité semblable. Je n'avais jamais autant regardé les murs. Je n'avais jamais été aussi libre. Car « être libre » n'a peut-être de sens que si on l'est *pour rien.* Les libertés qui s'attachent à une cause sont souvent mensongères.

La vie – la *vraie vie* – échappe aux proportions que nous prescrit la société. Elle ne se mesure pas, elle n'a pas d'identité ; c'est pourquoi on la rencontre par hasard, en des occasions furtives où s'agrandit la pensée.

Au début du mois de mars, j'accédai enfin au Cloître Vert de Santa Maria Novella. À force de se dérober, les fresques du *Déluge* avaient pris à mes yeux l'importance d'un trésor.

Le Cloître Vert est l'un des endroits les plus secrets de Florence ; il est situé derrière l'église Santa Maria Novella ; on y accède par une porte discrète : il faut entrer dans la cour d'une administration pour apercevoir, derrière une grille, un jardin, des arcades, un puits entouré de cyprès.

C'est là que Paolo Uccello a peint des épisodes de la vie de Noé : c'est tout un mur de peintures qui s'offre à l'air libre. Je n'en revenais pas qu'à une époque où la moindre œuvre d'art est protégée, contrôlée, rentabilisée, la fresque du *Déluge* soit ainsi exposée à la lumière dure de Florence, aux aléas de l'humidité, à la pluie, au vent.

Elle m'éclata au visage : son chaos de pigments rouges et verts, le vertige qu'ouvre sa perspective insensée m'empoignèrent ; il me semblait que j'allais glisser avec ses personnages vers le trou qu'elle met en scène, et qu'à l'arrière-plan, là-bas, entre les deux parois qui compriment l'espace et semblent écraser les corps des hommes, quelque chose de boueux qui relevait du sans-fond allait m'engloutir.

J'étais stupéfait, comme lorsque je découvris *L'Enfer* de Dante, qu'on montre aussi crûment la déroute de la viande humaine, le calvaire qui retarde l'enfoncement de chacun dans la noyade, l'abjection qu'il y a dans cette impuissance ; et qu'une indifférence presque sadique, semblable à la cruauté de Dante envers les damnés, lance sur cet abîme ses lignes imperturbables.

« *Ficca di retro a li occhi tuoi la mente* » (Mets ton

esprit là où sont tes yeux), demande Béatrice à Dante, lorsqu'il arrive au septième Ciel, chez les contemplatifs.

Je tentais moi aussi, face à la fresque du *Déluge*, de mettre mon esprit dans ma vue, d'ouvrir grand ma tête afin de discerner, à travers le morcellement obsessionnel de cette étrange paroi, ici un homme qui s'extirpe d'une barrique, là un autre qui recrache l'eau qui le submerge, et puis d'autres encore qui s'agrippent aux parois, des animaux abandonnés sur le rivage, un cheval affolé par les flots, une jeune femme en robe de cour, coiffée d'un *mazzocchio*, qui monte un buffle – et, partout, des noyés.

Je me disais : ce tohu-bohu de lueurs métalliques, ces carnations jaune-gris, quasi verdâtres, ces corps macabres et dissonants parlent moins du déluge que de la peste. Car Paolo Uccello ne représente pas l'épisode de l'arche de Noé comme un sauvetage de l'humanité ; au contraire des peintres traditionnels, il choisit d'en fixer le moment catastrophique : ce que je voyais sur le mur du Chiostro Verde, c'était le dernier jour – et non celui d'après.

Voilà : le monde chavire dans une perspective fermée, attiré par sa propre béance ; le monde est un trou qui aspire les gestes, le temps, la prétention de chacun à se croire en vie ; le monde est un naufrage où chacun lutte sans jamais rencontrer personne.

Et puis je regardais ce personnage à mine de commandeur qui lève son regard sévère, au premier plan, vers le ciel ; il semblait émerger de la peinture elle-même, comme un bloc de craie : tournant le dos à la scène, encalminé dans les plis de sa robe immense, il cherchait la sortie.

Qui donc était cet homme qui au cœur du désastre regarde ailleurs, et se détourne mélancoliquement de l'agitation ? Était-ce Noé ? Était-ce Dante ? Je me disais : c'est peut-être le peintre farouche qui a orchestré tout ce chaos, cet homme étrange, un peu fou, cet illuminé qui vivait pauvrement, contrairement à ses amis Donatello et Brunelleschi, lesquels comprenaient mal qu'on passe ses nuits à calculer les courbes d'une figure géométrique, plutôt qu'à répondre aux commandes qui assurent la gloire et de quoi manger : lui, Paolo Uccello.

Une inscription sur le mur, à gauche de la fresque, attira mon regard. Quelques lettres majuscules surmontaient une longue ligne rouge, qui semblait tracée avec du sang :

IL 4 NOVEMBRE 1966 L'ACQUA
D'ARNO ARRIVO A QUEST'ALTEZZA

(Le 4 novembre 1966 l'eau de l'Arno
est arrivée jusqu'à cette hauteur)

3

La reine de Némi

J'ai proposé une baignade à Barbara. Nous étions le 5 juillet, le jour de son anniversaire. En juillet, il fait quarante degrés. On n'a qu'une envie : se baigner. J'ai emprunté ce matin-là une voiture, et nous avons roulé vers le lac de Némi.

Ceux qui ont lu *Le Rameau d'or* de James Frazer savent que Némi a été, avant la fondation de Rome, le lieu d'une royauté sacrée. Oreste, après avoir tué sa mère et fui la Grèce, y aurait installé le culte de Diane. En un sens, c'est la mémoire même de ce crime sacré qui règne sur ce bois sauvage d'Italie.

On y accède en traversant les monts Albains : une forêt de hêtres et de chênes entoure un lac encaissé dans un cratère éteint, où le ciel miroite. C'est au bord du lac que s'ouvrait le bosquet sacré de Diane, et sans doute les arcs-boutants du temple étaient-ils baignés par l'eau.

La déesse était appelée ici Diane du Bois (*Diana Nemorensis*) – ou plus exactement Diane de la Clairière du Bois ; et le prêtre qui veillait sur son culte était le roi de Némi, un roi marqué par la terreur sacrificielle, et qui ne régnait sur rien : sa souveraineté ne s'exerçait pas – il était avant tout l'époux mystique de Diane.

Dans ce lieu où le crime était fondateur, devenait roi celui qui tuait le roi : il suffisait de tuer le roi du Bois pour prendre sa place. Pas de généalogie, ni d'alliance – aucune légitimité : le roi de Némi était un tueur ; seule la tuerie refondait sans cesse la royauté. L'endroit attirait ainsi toutes sortes de rôdeurs, de bandits, d'esclaves en fuite qui cherchaient la vie sauve, et en même temps s'exposaient à la perdre.

Plus qu'aucun autre, le roi de Némi est seul ; personne sans doute n'a jamais autant été exposé à la mort. La forêt ne protège de rien. Chaque instant peut être le dernier.

Frazer imagine ainsi son règne comme une attente sacrée (ce qu'on appelle la terreur) : « Dans le bosquet sacré se dressait un certain arbre auprès duquel, à toute heure du jour, voire aux heures avancées de la nuit, un être au lugubre visage restait embusqué. À la main, il tenait un glaive dégainé ; de ses yeux inquisiteurs, il paraissait chercher sans répit un ennemi ardent à l'attaquer. Ce personnage tragique était à la fois prêtre et meurtrier, et celui qu'il guettait sans relâche devait tôt ou tard le mettre à mort afin d'exercer lui-même la prêtrise à sa place. Telle était la loi du sanctuaire. Quiconque briguait le sacerdoce de Némi ne pouvait occuper les fonctions qu'après avoir tué son prédécesseur de sa main ; le meurtre perpétré, il restait en fonction de la charge jusqu'à l'heure où un autre, plus rusé ou plus vigoureux que lui, le mettrait à mort à son tour. »

Ce que la royauté sacrée de Némi dévoile ainsi crûment, c'est le lien entre la souveraineté et la mise à mort. Un roi n'est jamais que l'autre nom du sacrificateur, qui lui-même n'est que le masque du sacrifié.

Je racontais à Barbara, dans la voiture, les variations de ce mythe ; et comment, avant d'espérer poignarder le roi, son prétendant devait cueillir, sur l'une des pentes qui mènent au lac, un rameau d'or. (Dans *L'Énéide*, que je lisais alors, la découverte du rameau d'or permet à Énée, tout près de Naples, à Cumes, de descendre aux enfers.)

L'histoire de Némi m'obsède, car la solitude du roi du Bois est un prélude à l'histoire de Rome – à la fois son origine occulte, et son prologue sauvage. Comme le note Frazer : « Une grande révolution politique et intellectuelle transporta le cœur de la religion romaine de la forêt à la cité, de Némi à Rome. »

Mais elle m'intéresse avant tout parce qu'elle met à nu cette intensité qu'il y a dans la solitude. À aucun instant, la mort ne perd de vue le roi du Bois. Impossible qu'il pense à autre chose. Une telle expérience dénude l'existence.

Je voulais montrer à Barbara un lieu qui

s'accorde à sa provenance : un lieu d'avant
Rome, d'avant la loi. Un lieu sauvage, comme ses
ancêtres ; un lieu où courent les indomptables. Je
pense en écrivant ces phrases aux jeunes filles
qui peuplent les films de Bresson, et sont à la fois
gracieuses et intraitables : Mouchette, Jeanne de
France, ou la jeune fille de *Pickpocket,* qui elle
aussi s'appelle Jeanne. Le point le plus vivant
n'appartient à aucun moment du temps ; il
s'échappe, et brille dans les miroitements d'une
baignade. Les divinités sont-elles farouches,
pudiques, imperceptibles ? Le 5 juillet, elles se
baignèrent avec nous sous le nom de Barbara,
qui veut dire l'Étrangère.

Je racontais à Barbara que Caligula, jaloux de
cette royauté plus clandestine encore que sa
folie, fit assassiner le roi du Bois afin d'en porter
le titre et d'abolir dans son nom ce dérèglement
anarchiste de toute souveraineté.

Il fit mouiller dans ce lac deux énormes navires
sur lesquels se donnaient à la fois des rites en
l'honneur de Diane, et des orgies en son honneur à lui. En 1929, on retrouva les deux épaves ;
Mussolini fit assécher le lac à grands frais afin
d'offrir ce trésor au peuple italien (c'est-à-dire à
lui-même). Mais en 1944, l'aviation allemande
bombarda les lieux, et pulvérisa les reliques. Ne
restent que quelques morceaux de bois, et des
figures de bronze, qu'on peut voir dans un petit
musée, au bord du lac.

Je n'aime pas tellement les bateaux, Barbara
non plus. Ce jour-là, nous ne visitâmes rien.

Seules nous importaient l'eau du lac et la baignade. Je garai la voiture sous un pin ; nous descendîmes un petit chemin ; derrière un buisson de lauriers-roses s'ouvrait le lac. Barbara était pieds nus, elle jeta sa jupe, son chemisier et courut jusqu'à l'eau, plongea.

La lumière, le matin, est encore pâle ; pourtant, elle brûle. Dans l'eau, je dégrafai son soutien-gorge et fis glisser sa culotte. Nous étions seuls et nus, au centre du lac. Il paraît que la déesse Diane supprime les mortels qui surprennent sa nudité : elle fit une exception.

Barbara prétend que le chiffre 5 est noble : austère, imprenable et tordu comme un château de Sicile. Elle aime sa cambrure d'escarpin, sa silhouette à la croupe inversée ; mais le 5 figure surtout, selon elle, un chiffre qui ne compte pas. Le 1, dit Barbara, c'est l'unité ; le 2, à la fois la rencontre et le commencement du calcul (les chiffres pairs lui semblent faciles – et de mauvais goût) ; le 3 est beaucoup trop symbolique : la Trinité, Dante, etc. ; le 4, elle ne l'aime pas non plus, c'est un carré, les formes de la géométrie sont tristes, leur évidence n'accomplit rien. Le 5 : oui – c'est le premier chiffre à échapper aux figures, aux fonctions, aux symboles.

Les rites, les préférences, le petit ésotérisme personnel sont avant tout propitiatoires : ils ouvrent l'existence à une forme de sacré. Mademoiselle a dit 5 ; je mise sur le 5. Ceux qui redoutent de perdre ou fantasment de gagner ne savent pas que le jeu, comme l'érotisme, ignore à la fois la crainte et l'espérance. Il ouvre un univers, que seule la fatigue annule. Elle m'a dit 5, alors je dis 5. Le monde tourne à cet instant sur ses gonds.

Car 5 est le chiffre de ce qui ne compose pas, dit-elle ; il n'est pas *divisible*. Le royaume est sombre, bien sûr. Pourquoi les formes invisibles devraient-elles se signaler facilement ? L'esprit est plein de ronces, elles protègent le sentier.

J'avais dans la boîte à gants une bouteille de Vin Santo de Toscane, un peu de fromage frais, du pain enroulé dans du papier brun et un gâteau d'anniversaire, que j'avais achetés en route, dans les faubourgs de Rome.

J'ai pris le vin et me suis accroupi parmi les bruyères ; j'ai sorti deux petits verres arabes qui sont faits pour le thé, j'y ai versé le vin doux, et nous avons trinqué à son anniversaire, au chiffre 5, à ses 32 ans – 3 + 2 – qui eux aussi font cinq. Puis, dans un petit trou creusé dans le sable, sous un buisson, près des galets où vient clapoter l'eau, j'ai versé du vin – la *troisième part*.

On a fumé un peu d'herbe, toujours accroupis, comme des Indiens. On ne parle pas, on sourit. On laisse monter le sacrifice. Les morts vont venir, on attend leurs chuchotements. La mémoire de Némi nous observe, elle tergiverse : ces deux baigneurs valent-ils qu'on se manifeste ? L'Étrusque est des nôtres, mais l'autre, là, le Français ? Pourquoi passerions-nous par lui ?

(Les dieux ne sont pas méfiants, mais ils aiment choisir lentement leurs proies, cette lenteur est leur plaisir.)

La joie de la baignade dépend du temps qu'on a brûlé pour elle. Après le rite, nous retournons dans l'eau. La parole qui accueille en elle une source devient elle-même source.

Après cette deuxième baignade, nous avons couru dans les bois. Un homme et une femme nus qui rient en tournant autour des arbres n'ont peur de rien : ni de la mort, ni de la honte, ni même de rencontrer des hommes et des femmes habillés. Le rire transmet aux corps qui sont nus une force qui les rend invisibles. Ainsi vont les dieux, invulnérables, pleins de douceur, parmi les herbes.

J'étais excité par l'eau sur les cuisses de Barbara. Il est impossible de se baigner seulement une fois : chaque baignade en appelle une autre, qui approfondit la précédente, vérifie ses nuances, trouve des minuties nouvelles. Je pense souvent à Irène – au *Con d'Irène* : Aragon y écrit, avec simplicité, contre ceux qui prétendent que tout a été vécu, qu'il reste encore à la liberté des usages divers. La baignade : l'avenir.

J'improvise une définition. Être amoureux, pour un homme, consiste à avoir soif ; par exemple à lécher l'eau d'un lac antique sur la peau d'une femme.

Georges Bataille s'est identifié au roi du Bois de Némi ; il se faisait appeler, comme lui, Dianus : celui qui écrit dans l'extase se tient dans le bois. Sans doute y voyait-il l'incarnation absolue du sacrifice, où le sacrificateur est lui-même touché par le coup qu'il porte, et – en tuant – se trouve engagé à être tué : ici palpite le secret de l'expérience intérieure.

Dans *Le Coupable*, Bataille écrit : « Je suis le roi du bois, le Zeus, le criminel. » Il ajoute : « Dans la profondeur d'un bois, comme dans la chambre où les deux amants se dénudent, le rire et la poésie se libèrent. » Et puis : « Je mets le feu au bois, les flammes du rire y pétillent. »

À quoi reconnaît-on un lieu sacré ? À rien. La basilique Saint-Pierre, à Rome, ressemble moins à la maison du pape qu'à l'intérieur de la baleine blanche. Les bois de Némi sont noirs, poussiéreux, pleins de ronces ; et pourtant l'été s'y glisse comme un couple qui cherche un coin discret : il s'illumine entre les pins, s'enroule avec des soupirs dans la fraîcheur des sous-bois, comme si rien d'autre n'existait que le temps. Le corps qui se dénude dans une forêt semble crier vers l'origine des joies, vers une frayeur qui est sans âge. Rien d'autre n'existe que l'assouvissement. La peau blanche et les cuisses écartées appellent des éclaboussures qui viennent de Lascaux, et de plus loin encore. Une étreinte, même volée à la tristesse d'une chambre d'hôtel, est toujours une effraction qui s'adresse aux dieux. La plus délicieuse, la plus vicieuse, la plus tendre, la plus sale

des étreintes est toujours spirituelle. Toutes les
étreintes ont lieu dans le bois de Némi.

Je n'ai jamais aimé cette histoire où le chas-
seur Actéon, surprenant la nudité de la déesse,
est changé en cerf, puis dévoré par ses chiens. Il
n'est pas interdit de regarder des femmes nues.
Cette phrase devrait être écrite en majuscules :

IL N'EST PAS INTERDIT
DE REGARDER
DES FEMMES NUES

Quant à ceux qui aiment s'interdire l'accès à
leur jouissance, ils obtiennent ce qu'ils convoitent :
leur punition.

Le cerf dévoré par les chiens n'est pas la sanc-
tion de Diane, mais le miroir même du désir
d'Actéon – la manière qu'il a de concevoir le fait
de désirer : il est dévoré par sa meute parce qu'il
a regardé Diane comme une proie.

La déesse n'est qu'un miroir, c'est ce que dit
le lac de Némi à quiconque vient s'y baigner.
Ainsi nous renvoie-t-elle l'image exacte de notre
désir : c'est sa vocation. Certains vont à Delphes
écouter la Sibylle ; les érotiques vont à Némi se
baigner dans le miroir de Diane.

Selon moi, Diane s'est sentie *mal regardée* par
Actéon. Si, après avoir vu la nudité de Diane, il
est mort dévoré par ses chiens, c'est parce qu'il
voyait en elle une chienne (il voulait l'entraver).

Pierre Klossowski brode autour de ce mythe

un livre de démonologie – *Le Bain de Diane* –
aussi passionnant que tortueux, consacré aux
sortilèges qui frappent les hommes qui chassent.
Poursuivre la déesse est une activité risquée ;
mais en existe-t-il vraiment une autre ?

J'ai retrouvé dans mon exemplaire de
Klossowski cette phrase soulignée : « Diane ouvre
ses cuisses nues. » Et un ajout dans la marge, au
crayon : *S'y baigner.*

Ce qui a lieu dans les bois de Némi ouvre à la
chance : se baigner dans le lac consiste à se mou-
voir dans la divinité elle-même.

Actéon reluquant Diane, caché derrière un
arbre, sa queue rouge dressée dans sa main, ressemble au roi du bois terrifié par l'imminence de
son assassinat.

Je me souviens d'une phrase, écrite à la craie
sur un mur de Paris :

LE SOUVERAIN N'EST PLUS UN ROI :
IL EST CACHÉ DANS
LES GRANDES VILLES

Le bois de Némi se serait-il ainsi étendu à la
nuit des métropoles ? Son lac miroite sous vos pas,
dans un appartement silencieux au bout de cette
rue, sous un porche, dans un escalier d'hôtel.
Alors nous sommes des milliers, embusqués de
désir, anonymes, à Paris, Florence ou Amsterdam.
La baignade est l'horizon des phrases, des amants,
des chasseurs et des villes.

Ce qui signifie : le sanctuaire n'a plus de limite ; il est aussi large que l'émotion érotique. Dans une étreinte, on sent l'eau qui vient lécher les colonnes du temple.

Dans la voiture, en rentrant, nous continuons à boire le Vin Santo. On se passe la bouteille en roulant vers Rome. Barbara a allongé son siège, elle lit à voix haute un livre en italien : « *Questo sicuro e gaudioso regno / frequente in gente antica e in novella, / viso e amore avea tutto ad un segno.* »

Puis elle me traduit : « Ce royaume tranquille et plein de joie / peuplé de gens antiques et nouveaux / tenait regard et amour en un seul point. »

Les voyelles dans la bouche de Barbara sont bleutées. Elles glissent comme des étoiles dans les vagues. La nuit commence à tomber, la route est calme, nous rentrons à Rome, puis ce sera de nouveau Florence.

4

Feu blanc

C'est le premier été. La ville est déserte, tout le monde est à la mer. Je suis seul – ma solitude est une chance. Je ne connais personne dans ce pays où l'art s'offre avec une exubérance folle : je suis seul avec cet art, ce débordement d'églises, de fresques, de sculptures ; et d'une manière ambiguë, ma vie s'accorde à ce pays ruiné, où rien ne semble tenir debout, à part ses cathédrales.

Hier soir, traversant la ville à bicyclette, j'ai vu, au détour d'une rue, la masse du Duomo se lever dans la nuit, et son immense volume de marbre rose, vert et blanc se déplier comme un défi à la servitude organisée qui prévaut ici, en Italie.

C'était le mois d'août, je brûlais. Adossé au Duomo, le campanile de Giotto perce l'espace avec une noblesse terrible. Juste à côté, le baptistère Saint-Jean tourne dans sa rondeur. Les vieux siècles éclatent de rire : notre agitation les amuse. Leur sobriété déshabille ce qu'il y a de plus convenu, de morne, de programmé dans la société qu'ils contemplent.

Les convulsions périodiques des marchés financiers n'ont qu'un objet : domestiquer ce qui, du monde, ne l'était pas encore. En absorbant la politique, c'est-à-dire le monde des décisions (et qu'y a-t-il de plus ridicule aujourd'hui qu'une « décision » ?), les marchés n'ont pas seulement limité les espérances des humains, ils ont renforcé leur assujettissement. Lorsqu'il n'existera plus aucune possibilité libre, ils auront achevé leur travail.

J'écris ces phrases dans un café qui donne sur l'église San Lorenzo. Un homme vient d'assassiner deux clandestins sénégalais à quelques ruelles d'ici, sous les arcades du Vieux Marché. Il y a un mois, dans cette même église, propriété des Médicis – ils y ont leurs tombeaux, sculptés par Michel-Ange –, un désespéré s'est crevé les yeux.

On ne compte plus les suicides d'entrepreneurs étouffés par la ruine. Chaque jour, des centres d'impôts sont attaqués, d'une manière dérisoire, par de pauvres gens qui ne peuvent payer. Un vieil homme, muni d'un pistolet d'antiquaire, le visage recouvert d'une cagoule, voulait braquer une banque et s'est écroulé en larmes devant le guichet.

L'Italie, pourtant habituée au pire, ne supporte plus sa propre démence. La psychose est l'horizon de l'économie politique. Le passage à l'acte n'obtient, dans la logique du marché, aucune compensation : il se produit à perte, sa mise est terminale.

J'ouvre chaque jour *La Repubblica*, je circule entre les informations en essayant de conserver une indifférence qui les mettrait à distance ; mais je sais qu'on n'échappe pas à une telle *simulation tragique de la tragédie.*

Car un univers que rien ne vient rédimer n'est plus un univers tragique. La peste ne punit plus ; elle existe comme état du monde. Les dieux n'ont plus accès à la folie des créatures. En Italie, ils se contentent de parler entre eux de l'art.

Alors le monde est-il envoûté ? C'est lui-même qui revient. La répétition démasque la mort du politique. Je suis venu m'isoler ici, en Italie, pour échapper à la violence, mais il n'y a rien en dehors de la violence : il est impossible de la combattre, encore moins de la nier.

Lorsque je dis que j'habite Florence, on s'extasie. Mais Florence est pour moi le nom d'une expérience où la richesse ne s'offre pas seulement selon les lois, désormais partout établies, de l'échange culturel. Bien sûr, je vis avec Donatello, Masaccio, Brunelleschi, Fra Angelico : j'ai cette chance ; et bien sûr, mon rapport avec ce qu'ils ont fait de cette ville hors du commun – cette ville qui est elle-même une œuvre d'art – relève de l'amour. Mais une telle ville, parce qu'elle est inépuisable, est *aussi* un désert : celui que la mutation du politique fait croître à la place de chaque lieu.

C'est ce désert dont j'entends la dureté cet été. Ma solitude coïncide avec celle de la ville. En août, il fait quarante degrés : Florence est ravagée par la chaleur. Les pierres durcissent l'amour, l'invivable s'invite chez vous, impossible de vous dérober à une telle endurance. Voici que la nature de la ville se révèle : son aridité, son indifférence, l'exil qu'elle suppose (peut-être n'est-elle pas faite pour les humains, mais seulement pour que les œuvres dialoguent entre elles).

Faire l'expérience d'une telle ville implique de ne pas se satisfaire d'une jouissance rapide. Je cherche ici une solitude qui ne se retourne pas contre moi : une solitude qui m'accorde à la faveur du calme. Mais je sais que le calme aussi est incertain, et que son exigence requiert une légèreté dont je suis dépourvu. La lumière blanche et resserrée de Florence m'indique un point qui s'efface dans l'éblouissement qu'elle suscite.

Cette immense réserve d'art ne se donne pas au regard qui ne fait que passer : faire l'expérience de ce qui a lieu à Florence implique un emploi du temps vide, débarrassé de toute volonté, sans projet de « visite ». Ces pierres ne se tournent vers vous qu'à la condition que rien ne s'interpose entre votre attente et ce qu'elle ouvre en vous.

Je note ceci, sur un coin de table, dans un café : il faudrait, pour prétendre avoir vu quelque chose à Florence, se tenir dans l'espace d'un miracle vide ; il faudrait que les œuvres d'art prennent tout entier votre place. Mais comment se tenir dans ce rien qui, alors, s'ouvrirait ?

La désorientation vous expose à cette nudité qui vous hante. Les repères sont des masques fragiles. Voici enfin que vous avancez sans eux, sans amis, sans aucune aide. Vous vivez dans un pays autre – vous êtes devenu *un étranger*.

Je tourne autour d'une idée qui m'échappe. Elle existe partout, à chaque instant. Certains jours, elle me donne rendez-vous, comme une jeune fille, sur un pont ; mais à peine suis-je arrivé au bord de l'Arno, elle disparaît. Les déesses s'évanouissent ainsi, près de l'eau. Cette idée, qui sans cesse va et vient, n'existe peut-être que *parce que je la cherche*. Les rites anciens se sont métamorphosés en idée fixe.

S'il faut tourner en rond, j'y suis prêt. La répétition ne m'effraie pas ; au contraire, j'attends d'elle une vérité qui m'éloigne des satisfactions faciles : mon parcours, chaque jour, est le même – il me ramène vers le centre de Florence, à cette place où le Duomo, le Campanile et le Baptistère font éclater à travers leur rapport insensé ce qui bouillonne dans l'idée même de ville.

Car sous ses dehors apprêtés, derrière l'organisation de son commerce, une ville n'en finit pas de se fonder ; il lui faut cette naissance qui ne s'interrompt pas, sinon elle meurt. Florence, à chaque instant, *se refait*. Rien n'est caché dans une telle ville ; et il n'est pas besoin d'aller dénicher dans tel recoin ce qui au contraire, et depuis toujours, aime se montrer. Ainsi, à Florence, le cœur secret des choses coïncide-t-il avec le centre officiel : l'emplacement de la cathédrale, qui attire à lui tous les corps, est aussi un abîme qui les transmet en secret aux siècles.

Au centre, il y a toujours un autre centre : de même je tourne à l'intérieur de ce qui tourne.

Je suis entré aujourd'hui dans le Baptistère. J'aime sa forme trapue de colombier mystique, sa rondeur, son indulgence octogonale. S'il existe un lieu où je peux dire « ICI », un point qui échappe à ma désorientation, c'est bien à l'intérieur du Baptistère – « *mio bel San Giovanni* », comme l'écrit Dante.

L'octogone renferme un cercle, et celui-ci se destine à vaincre la mort ; le sens du baptistère de Florence – formé sur le chiffre 8 – réside dans l'accomplissement du *huitième jour*, c'est-à-dire dans la résurrection.

Une rosace du dallage attire mon attention. Ses motifs géométriques, en marbre noir et blanc, comprennent douze pétales centrés sur un soleil, chaque pétale correspondant à un signe du zodiaque ; autour du soleil tourne une inscription. Je m'avance pour la déchiffrer, mais je ne sais par où commencer la lecture : l'inscription est circulaire. Je note les lettres sur mon cahier :

EN GIRO TORTE SOL CICLOS
ET ROTOR IGNE

Je comprends que l'inscription est composée pour qu'on puisse la lire dans les deux sens. C'est un palindrome. Traduit, cela donne approximativement : « Je suis le soleil, roue mue par le feu, dont la torsion fait virer les sphères ».

Voilà : au centre du centre de Florence, il y a un cercle qui formule une lumière infinie. Un baptistère n'indique-t-il pas le *cœur du temps* ? Dante a forcément lu l'inscription. Le dernier vers du *Paradis* semble venir de ce point de feu circulaire : « *L'amor che move il sole e l'altre stelle* » (L'amour qui meut le soleil et les autres étoiles).

En sortant du Baptistère, je me dis : n'es-tu pas tenté par le bonheur du cercle ? Je crois que la question vient de Blanchot. Le bonheur du cercle fait trembler ses propres inscriptions. Chez Blanchot, elles indiquent à la craie le dernier instant. Pour moi, un tel bonheur prend la forme du rite (de la pensée).

À travers la répétition obstinée d'une promenade, d'un geste, d'une attention, le rite vous soustrait au temps mort. Tourner en rond est profitable. L'errance relève d'un temps séparé. Le moment où elle prend figure de rite en efface l'angoisse.

Je marche dans les rues de Florence, ma solitude m'oblige à une vie impersonnelle. Cet été, l'abandon trace un feu blanc dans les corps. Les œuvres sont seules. Les êtres humains ont l'air de tourner autour, comme des mouches. La nuit, lorsqu'on éteint la lumière des musées, lorsqu'on ferme le portail des églises, les œuvres *continuent* : leur vérité ne s'éteint pas, elle ne leur est pas donnée par le visage des visiteurs, elle existe sans personne.

Cette nuit, dans l'aridité sans visage du mois d'août, je deviens, au hasard, cette petite œuvre votive perchée au coin de la rue, dans une niche de plâtre : j'observe le temps depuis l'intérieur du temps.

5

La rayure

Depuis que j'habite à Florence, j'ai recommencé à lire Georges Bataille. À l'Institut français, piazza Ognissanti, il y a les douze tomes de ses *Œuvres complètes*. Je les emprunte, l'un après l'autre. Comme lorsqu'on lit la *Recherche* de Proust, ou Dostoïevski – dont on sait que la lecture va nous durer, et créer son propre état de nerfs –, j'ai décidé de lire les douze tomes dans leur continuité : de lire *tout* Bataille, de concevoir cette lecture comme une expérience à quoi je rapporterai, chaque jour, ce qui m'arrive.

Longtemps, j'ai été impressionné par *Madame Edwarda*, par *Histoire de l'œil* ou même par *Sainte*, ce petit récit où le cul d'une putain rit. Par la tension qui les anime, ces livres sont étrangers à notre planète éteinte. À côté d'eux, tout ce qui s'écrit semble gâteux.

Si la révélation sexuelle que procurent ces livres est si intense, c'est qu'elle touche à ce point où l'hystérie féminine révèle un feu de l'esprit. Bataille, de la manière la plus chavirante, ne fait pas seulement entrer la bacchante dans la chambre à coucher : il sait que l'étreinte sexuelle coïncide avec l'instant où le dieu meurt. Ce savoir est de nature sacrificielle, il brille sur la lame du sacré. La fulguration qui laisse les ménades éblouies dans l'éclair de leur course imprime à l'orgie un caractère irréductible, violemment séparé du monde régi par le calcul.

Ces théophanies s'accomplissent sur la scène érotique, parce que l'érotisme est l'autre nom du sacré (un sacré mis à nu, séparé de son propre pouvoir) : « Seule la divinité – écrit Bataille – vérifie, d'une manière démesurée, le principe selon lequel le désir a pour objet la perte et le danger. »

J'aime toujours ces récits de Bataille où « la nudité du bordel appelle le couteau du boucher », comme il dit – où l'expérience sacrificielle est vécue à travers l'excès d'une illumination sexuelle ; mais je préfère aujourd'hui ses essais, même si je sais que la rage qui anime Bataille conteste la séparation entre les genres, car chez lui la réflexion est convulsive, et la fiction est le sursaut d'une pensée.

L'expérience folle d'un divin qui échappe à toute notion, Bataille l'a cherchée dans le désordre d'une *extatique raisonnée*; et si, à sa suite, je ne conçois de corps libre qu'à travers l'extase, si je pense qu'on ne se soustrait aux servilités du conditionnement qu'à travers des expériences spirituelles, à mes yeux ces opérations impliquent une *parole* qui les révèle : j'appelle « littérature » cette parole.

Le sacré, écrit Bataille, est comparable à la « flamme qui détruit le bois en le consumant ». Un « incendie illimité », écrit-il, qui « enflamme et aveugle ». Est-ce à cette brûlure que ma solitude m'expose cet été ? L'expérience à laquelle m'accordent mes déambulations implique une vulnérabilité totale : je ne me protège de rien. Au contraire, mes journées sont offertes – je suis à la merci de ce feu que le Baptistère m'a indiqué.

Si le soleil écrase aussi violemment Florence, au point que nos yeux, notre corps n'en peuvent supporter l'éclat, c'est que rien ici ne se détourne de cette *contagion sacrificielle*. Les touristes qui font la queue durant des heures le long du Duomo ou des Offices, et qui brûlent au point de s'évanouir lorsque enfin, en entrant, la fraîcheur les tétanise, ces touristes (et moi qui en traverse le flot) participent sans le vouloir de ce « rayonnement prodigue » à quoi le sacré tout à la fois invite et cruellement déchire.

Cette vérité sur laquelle je veille, à laquelle je m'expose, n'appartient à rien qui la définisse. Un point doit être mis à nu, qui ne croise pas la communication. D'ailleurs, une pensée qui s'éloigne de son impossibilité trahit sa nature (mais rien n'est plus difficile à supporter qu'une telle pensée, qui sans cesse vous semble déchirée par la contradiction). Si cette pensée se révèle dans l'expérience qui vous expose, alors l'apaisement ne peut venir : la paix signerait l'échec de l'expérience.

En début de soirée, la lumière s'estompe avec simplicité. Il y a un square, sur le Lungarno Torrigiani, où je vais lire sur un banc. On y respire à l'ombre des lauriers, le long de l'Arno. Une petite maison orange derrière moi appelle des intuitions de roman, elle se blottit contre la colline qui monte, là-bas, vers San Miniato. L'univers flotte, sa mémoire semble vivable.

Je lutte pour ne pas être absorbé. Je dois arracher ces phrases, cette solitude, ces promenades à une pesanteur qui veut prendre leur place. Même si j'étais bâillonné de contraintes, il y aurait encore dans ma gorge, dans mon cœur et ma main, une mémoire de la faveur.

Ici, dans ce pays où la politique est devenue folle, la pensée de Georges Bataille me vient en aide, elle éclaire brutalement la situation, car elle se concentre sur cette part réservée où le politique n'a plus lieu – où quelque chose comme une surpolitique s'accomplit à travers la dépense qui l'anéantit.

Contrairement aux philosophes qui continuent à jouer le jeu des idéologies (lesquelles sont toutes, aujourd'hui, résorbées dans le médiatique), Bataille parle et pense en « homme des carrefours » : il n'a pas de limites, il est capable de penser Lascaux et Sade à la fois – de s'ouvrir à la remise en jeu qu'une telle rencontre provoque. Une « conciliation amicale, et pleine d'angoisse, entre les nécessités incompatibles » : ainsi définit-il la fête – ainsi pourrait-on définir son lieu.

À quel feu ma solitude m'accorde-t-elle ? Je m'obstine à endurer une expérience qui, peut-être, ne donne sur rien – ne fait qu'ouvrir le rien. La phrase en cercle du Baptistère signale un trou de lumière vers lequel converge l'angoisse.

Dans une expérience, on ne s'appartient pas ; à peine sait-on qu'on en est l'objet : ce qui vient sur nous peut sembler évasif, et l'expérience n'être qu'un frôlement ; pourtant elle nous atteint. Je suis modifié par une étrange attirance, cet été, pour le Baptistère. Quelque chose s'est déclaré à moi, qui peut rester obscur, ou s'élargir dans la clarté d'une déchirure.

Contre Hegel et la science absolue de la raison, Bataille laisse s'éclairer, à travers les dispositions ouvertes d'une telle pensée, dans les brisures d'une homogénéité illusoire, les points du sacrifice. Ce sont des points de feu : ils démentent l'aspiration humaine à la cohésion, mettent à bas la raison, toujours incomplète et puérile. Ce qui brûle fonde autant que ce qui produit. Cette fondation n'est pas une énigme, mais le régime ignoré (censuré) des sociétés. Elles masquent ce vertige au cœur de leur production, afin que la communauté n'envisage pas l'affolement qui est la vérité du lien. Le trou est infini, il est le commencement et la fin : en tant que tel, il ne s'arrête pas. (La production, elle, est finie – comme une poubelle.)

Le sacrifice ne se réduit pas à la notion vieillotte, passe-partout, de culpabilité ; il ne se reconnaît même pas dans ces comportements de vertu mortifiante qu'adoptent ceux dont on dit qu'ils « se sacrifient ». Le sacrifice a lieu ailleurs, dans cette dimension où l'existence découvre son caractère de danger. La dimension sacrificielle est une *mise du sacré* – le trou par lequel se réveille (se déchaîne) l'exposition à la mort. « Ce qui est engagé dans l'opération du sacrifice est comme une entrée en jeu de la foudre », écrit Bataille.

Celui qui se « sacrifie » pour le bien commun croit tirer des bénéfices de sa bonne conduite ; mais *le sacrifice opère en dehors de la dimension morale.* Il relève du rite, c'est-à-dire de la violence spirituelle. Rien de douceâtre en lui, rien de gentiment chrétien : le sacrifice manifeste la méchanceté de l'être, les dents qui saignent.

Le sacrifice ? « Une trace dont la vitre demeure rayée », écrit Bataille. L'énigme d'une telle rayure porte sur la mémoire de l'univers : elle est là depuis toujours, comme le soleil *inscrit* du Baptistère, sphère qui fait tourner les sphères.

Ce rayonnement du soleil (du cœur de l'être) donne sur le monde (sur l'existence des étants) à travers une vitre qui en filtre l'intensité. Cette vitre passe pour invisible, sa transparence est incontestable. Pourtant, une fine lézarde en brise l'homogénéité. Les habitants de la Terre ont toujours tenté de forcer la vitre, et de faire venir à eux les dieux. Cette violence dont la rayure témoigne, c'est le sacrifice.

Cette rayure sur la vitre est implacable. Rien ne l'effacera. Pourtant, on l'oublie. Heidegger reprend à zéro l'histoire de la pensée à partir de l'oubli de l'être. Bataille, lui, part de l'oubli du sacrifice (la société refoule la nudité de pensée à quoi une telle violence expose).

Le dorlotage dont se prévalent les pensées des philosophes, lesquelles soustraient leur expérience à toute atteinte, au mal, à l'attaque du vif autant que du mort, ce dorlotage les discrédite : nous n'avons rien à apprendre des bavards qui s'abritent. L'exposition à l'existence implique de se vivre comme étant sous le couteau.

6

Couteau et gorge

En passant ce soir à bicyclette devant le Baptistère, je me suis de nouveau arrêté face à la porte du Paradis. Le premier jour, je l'avais pour moi seul, mais depuis, impossible de l'approcher : toute la journée, une masse de touristes bouche la vue. Ce soir, il n'y a personne. La porte est offerte.

J'ai tout de suite cherché le coin supérieur droit, celui où Ghiberti a gravé le sacrifice d'Isaac. Abraham lève le couteau vers son fils, un ange retient son bras. J'ai pensé avec émotion à cette phrase : « Je vois le feu. »

« Je vois le feu » : c'est la phrase d'Isaac, lorsque son père Abraham l'amène sur la montagne pour le sacrifier. Isaac dit : « Je vois le feu, je vois le bois, mais je ne vois pas l'agneau. » S'il ne voit pas l'agneau, c'est parce que l'agneau, c'est lui – il doit prendre sa place, être lié sur le bois.

Celui qui a vu le feu est initié au sacrifice : il n'en meurt pas, au dernier moment on lui substitue un animal ; mais la violence dont il est l'objet à cet instant le consacre.

Ce lieu qu'il occupe lui confère un savoir qui l'excepte. Un savoir qui le brûle, un savoir déchirant qui l'éloigne du pouvoir, et le tient suspendu dans cet intervalle d'acuité où l'on fait à chaque instant l'expérience du faste et du néfaste – expérience qui voue à l'errance, et qui relève du sacré.

Le savoir de la rayure est à la fois une blessure et un royaume : c'est cette position intervallaire entre les vivants et les morts ; c'est la position de la parole elle-même – celle qu'on occupe en écrivant.

(On ne l'occupe pas soi-même ; c'est, à travers nous, l'expérience de la parole elle-même qui l'occupe – ou, pour le dire en termes mystiques, le saint qui parfois écrit dans ma tête.)

C'est l'expérience poétique : celui qui se met en état d'écrire des phrases, de peindre, de composer ou sculpter, en un sens, occupe la position initiée par Isaac : il voit le feu.

Ce royaume qui s'ouvre à la place du sacrifice – au cœur de la « rayure » –, c'est l'art.

Dans un monde entièrement en état de sacrifice, exposé au cauchemar global de sa ruine, se mettre à penser à la gorge d'Isaac : être ouvert à ce qui peut à la fois vous éliminer et vous consacrer.

Habiter la gorge d'Isaac à l'instant où le couteau d'Abraham s'en approche. Faire parler cette gorge : voix de la littérature.

Il est troublant qu'à propos de cette scène, on parle tout autant de « sacrifice d'Abraham » que de « sacrifice d'Isaac ». C'est pourtant bien Isaac qui est immolé, c'est lui qui tend sa gorge au couteau de son père ; mais l'objet du sacrifice va et vient entre les deux, selon les lois étranges de la réversibilité. Le sacré s'accomplit à travers une substitution. Le savoir est contenu dans le reflet du couteau.

C'est le couteau qui parle dans notre monde à chaque instant : il n'a plus besoin d'être empoigné par le père, ni par qui que ce soit. Il s'est également dégagé de tout contexte religieux, guerrier, ou crapuleux. Le couteau est l'esprit : il tranche sans pourquoi, tout seul – tranche, et retranche ce qu'il a tranché, jusqu'à ce qu'il ne reste rien. Les signes tracés sur le mur ne disent plus : « Compté, pesé, divisé » – mais : tranché, tranché, tranché. Vérité de l'abattoir.

J'attends de la pensée qu'elle se trouble. Ce qui ne la met pas à l'épreuve n'existe pas. Une pensée qui ne s'expose à rien d'autre qu'à sa petite production d'idées ne vaut pas mieux qu'un container à poubelles.

L'une des vérités méconnues du sacrifice : que seul un détail fou en est la victoire. Je suis moi-même la dépense – ma vie quotidienne se donne à la béance qui l'éclaire : les matins sont calmes, puis l'après-midi quelqu'un en moi se déchaîne – je cherche alors à égarer le démon.

Le retrait de la chance est l'épreuve du désert. J'écris ces phrases au milieu d'une journée perdue, écrasée de soleil, où l'idée même des merveilles qui m'entourent semble un mirage. Toute angoisse est politique.

Le sacrifice n'est pas l'expérience de quelque chose, mais de *rien*. D'ailleurs, il n'est pas une expérience, tout au plus l'approche reculée d'un rite.

Quand mes pensées se perdent, je deviens cet homme que Bataille nomme mystérieusement, dans *Madame Edwarda* : « Monsieur Non-sens ». Monsieur Non-sens écrit, mais c'est un homme ordinaire, dont le rire désavoue les prétentions à toucher l'essentiel. Car chacun s'imagine avoir une vie où se joue la vérité ; que celle-ci se considère mineure, décalée ou de peu d'importance n'efface en rien la présence tenace, exorbitante, du « vrai », de l'« authentique », qui prévaut dans la vie de Monsieur Non-sens.

J'écris ces phrases tandis que l'Europe se décompose dans une nouvelle et interminable « crise », comme ils disent. Les marchés financiers se sont débarrassés de l'Histoire. Ceux que Bataille nomme les « fripouilles désemparées », et qui se croient les maîtres, simulent encore afin de sauver leur poste, et viennent pleurer à la télévision, comme l'autre soir la ministre du Travail annonçant l'adoption d'une loi infâme. Voudraient-ils que les Italiens se couvrent de cendres ?

Chacun rit des raisons qui portent l'autre (le premier venu, celui qui boit son café au comptoir à côté de vous) à ne pas vouloir être ce qu'il est ; mais personne ne veut être ce à quoi nous destinent des « gouvernements techniques », eux-mêmes esclaves de la servitude mondiale.

Je lis Hegel, Bataille, Kojève. Les rapports de force sont éclaboussés par le rire du marché (ce rire est froid). Qui se croira épargné par ces mouvements sera un niais ou un saint. Je peux très bien ne plus penser à cette ruine, cette non-pensée est encore une angoisse : s'écarter de ce qui a lieu – de ces attaques – est inutile. J'ai beau m'éloigner des informations, elles agissent quand même : pas besoin de vouloir s'informer pour subir les discours. Ce qu'on dit, ce qui se dit, la manière dont on le dit suffit. Un jour, on n'y croira pas. On dira que l'époque était folle. (Mais l'essence même des « époques » n'est-elle pas de se repousser l'une l'autre dans l'égarement ?)

Qu'est-ce qui est sans prix ? Quelle est cette nervure qui échappe à l'évaluation ? Une blessure, comme celle que le lacet noir imprime sur la gorge, prend la place du monde. Cette blessure, en un sens, est une chance – à condition de savoir convertir en vie ce qui, d'elle, s'épuise vers la mort.

« Ce qu'on ne vendra jamais », écrit Rimbaud. Il y a de l'indemne, c'est-à-dire du *non-damné*. L'enfer n'a pas le monopole. Affirmer que tout a un prix revient à faillir dans les vices du consentement.

Je prends ces notes parce que ici plus qu'ailleurs la ruine a lieu dans la proximité vibrante des merveilles. À quelques secondes, à quelques centimètres, juste à côté de nous, Michel-Ange, Donatello, Masaccio, Uccello, Fra Angelico existent ; et précisément la ruine du politique a lieu pour que cela n'existe pas – pour que l'art, qui ne cesse d'agir, n'agisse pas, pour que nos vies soient occupées à autre chose.

Le contraste, l'inadéquation violente entre la ruine d'un pays et la profondeur de renouveau qu'il prodigue à travers ses œuvres est le vrai sujet d'une vie à Florence.

Je tombe sur une phrase de Bataille dont la clarté vient à mon secours : « La littérature ne fait que prolonger le jeu des religions dont elle est l'héritière essentielle. Elle a surtout reçu le sacrifice en héritage. » Cet énoncé me fait sourire : sommes-nous prêts à entendre cela ? Le sacré ne suscite-t-il pas un malentendu majeur ? Ne sera-t-il pas de plus en plus *mal vu* ?

« Nous sommes trop décadents pour lire Joyce », écrivait avec humour Beckett. Alors, recevoir le « sacrifice en héritage », est-ce que la littérature actuelle y est prête ? Y comprend-elle quelque chose ? Ne se récrie-t-elle pas immédiatement *contre* le sacré ? (comme s'il était possible d'être pour ou contre). N'est-elle pas enchaînée à une conception servile du langage ? Ne collabore-t-elle pas maintenant avec la société, qui ne cesse de se fonder sur l'oubli du sacré ? La confusion sur le sens du sacrifice qui *habite l'être* est à son comble. Bataille, avec une sobriété presque humoristique, écrit : « La littérature n'atteint que rarement la rigueur de ce mouvement. »

Je n'ai pas ouvert la bouche pendant un mois. Sur le moment, je ne m'en suis pas rendu compte. Je l'ai dit : en août, les villes italiennes se vident, elles offrent à leurs rares habitants l'image de déserts de pierres où le jeu du sacré, sur lequel elles sont fondées, se révèle.

C'est ici que « Monsieur Non-sens » se met à écrire. Car le rite – l'opération du sacré – revient par la révélation d'un non-sens, à partir duquel se connaît un sens qui à nouveau repasse au non-sens : l'éblouissement devant les formes étagées du Duomo, et de son érotisme. Les volumes *viennent* les uns vers les autres dans la nuit. Leur côtoiement est rond, comme les formes d'une femme convoitée.

Cette nuit, la température ne baisse pas. Je m'assieds près de la fenêtre, espérant y trouver plus d'air. Le ventilateur s'essouffle. Quelques rares voitures passent dans la rue : au mois d'août, ils sont tous à la mer.

Je n'ouvre plus les volets. La chaleur écrase la rue. Je passe la tête : à gauche, la rivière semble vide ; à droite, le Liceo Ginnasio Dante est fermé, et la piazza Vittoria, déserte. Les pins y forment dans le ciel une assemblée de nuées, comme dans Homère.

S'il n'y a plus de place pour le sacrifice, si rien n'est réservé pour lui, ce n'est pas parce qu'il se serait absenté (ou que la société aurait eu raison de lui), c'est au contraire parce qu'il est partout : le sacrifice a pris toute la place – il occupe, sur un mode imperceptible, *toutes les places* –, il s'est substitué à l'idée même de place, si bien qu'on ne distingue même plus sa possibilité. Ce sacrifice-là, qui en un sens est le monde, opère en dehors du rite : un sacrifice sans rite a pris la place du monde, c'est pourquoi il est si difficile d'y reconnaître du sacré. C'est un pli terrible, grotesque, que celui-ci a pris en se dénaturant.

La perversion du sacrifice s'appelle la société. Ceux qui croient que celle-ci a simplement évacué la notion de sacré, qu'elle a enfin rasé le Bois sacré, sont aveugles (à moins qu'ils aient intérêt à ne pas y voir trop clair) : la société, en prenant la direction de la planète, est devenue la seule religion. En ce sens, elle a absorbé ce qui existait de plus sauvage dans le sacré (et que les prêtres eux-mêmes avaient transformé dans l'apparente innocuité de la messe) : le sacrifice ; et ils l'ont étendu au dispositif même de l'arraisonnement sur lequel repose son règne.

Le monde est désormais *en état de sacrifice*, c'est-à-dire suspendu à chaque instant entre vie et mort, exposé à la virtualité terrible de sa disparition. La mise à mort est le seul langage que tienne la société. Une chose apparaît pour disparaître aussitôt, rien ne doit accéder réellement à l'existence ; le « réel » lui-même, en tant qu'il est l'objet du sacrifice, ne doit pas être manifesté : on apparaît et on disparaît sur fond d'un sacrifice noir, ordonné sans rite, pour le compte de personne.

Ce soir, après avoir fermé les volets, et ouvert grandes les portes de la chambre pour faire entrer la fraîcheur, je tombe sur cette phrase de Maurice Blanchot dans *L'Attente l'oubli :* « Les dieux seuls parviennent à l'oubli : les anciens pour s'éloigner, les nouveaux pour revenir. »

Je la relis à voix haute, lentement, avec une joie étrange : « Les dieux seuls parviennent à l'oubli : les anciens pour s'éloigner, les nouveaux pour revenir. » Le sourire de mystère qui glisse dans une telle phrase relève de la faveur.

7

Le pays où la politique est morte

Un insecte meurt de l'embrasement qu'il a cherché ; les hommes et les femmes aussi. Mais peu importe la mort : rien ne vaut cet embrasement ; ceux qui ne meurent pas du feu meurent essoufflés de l'avoir fui.

Il existe un point à partir duquel le trouble enveloppe les pensées, qui dans leur affolement se contredisent. Alors on pense une chose, mais aussi son contraire ; on pense les deux choses en même temps. Il ne faut pas avoir peur de la contradiction : elle seule vous soustrait aux notions consciencieuses, à ce qu'il y a de plus aveuglé dans un refus, ou de niais dans une approbation.

Car la ligne obstinée de la raison ici ne suffit plus ; et sans doute, pour rester au plus près de ce point, faut-il s'accorder à l'emportement le plus impersonnel, à cette acuité sans limites qui perce les conventions du bien et du mauvais, du juste et de l'injuste.

Je veux faire l'expérience de ce point – le dénuder. Ou plutôt me dénuder à son contact. J'écris ce livre dans ce but. Les charmes de l'Italie m'intéressent, bien sûr, mais j'attends autre chose du récit qui me les confie. Ce que j'ai vécu durant trois ans à Florence ne relève pas de l'agitation perdue, ni de la joie des vacances prolongées, mais d'une rencontre avec des vérités qui se soustraient à l'appel.

J'ai longtemps évité la politique. Elle me semblait une passion triste. Il est étrange (peut-être logique) que je m'y sois intéressé de nouveau en vivant dans un pays où, précisément, elle mourait. Écrivant cette phrase, je la trouve inexacte : la politique n'a jamais cessé de mourir ; peut-être se meurt-elle depuis qu'elle existe : elle est toujours décevante, impure, décomposée. Il est impossible qu'elle suffise à l'exigence qui la rend nécessaire.

Pourtant, sa *mutation au pire* s'est accélérée ces dernières années, depuis qu'aucune distance n'entrave la planète, et que la communication ne rencontre plus qu'elle-même à travers un présent illimité.

En Italie, elle s'est dévaluée, au point d'être confondue avec les agissements criminels de la mafia. N'importe quel Italien pense aujourd'hui que la politique, c'est le crime. En ces matières, les Italiens seront toujours les plus affranchis.

Je me disais donc (je recopie une note écrite en 2012) : Depuis que j'habite en Italie, la politique me saute à la gorge. Elle me saute à la gorge alors même qu'elle est morte. C'est justement sa mort qui me réveille : la mort de la politique est un événement qui n'en finit pas d'avoir lieu.

Un soir, je regardais le téléjournal, sur la Sette, la seule chaîne qui n'appartient pas à Berlusconi. Quelqu'un a prononcé le mot « mafia ». Ce mot m'a semblé subitement très vieux. En même temps, il m'a semblé qu'il s'était agrandi au point de pouvoir s'effacer : il n'y a plus aujourd'hui que les imbéciles corrompus pour croire que la mafia est étrangère à la politique.

Guy Debord écrivait dans ses *Commentaires sur la société du spectacle* : « On se trompe chaque fois que l'on veut expliquer quelque chose en opposant la mafia à l'État : ils ne sont jamais en rivalité. » Il ajoute : « La mafia n'est pas étrangère dans ce monde ; elle y est parfaitement chez elle. Au moment du spectaculaire intégré, elle règne en fait comme le *modèle* de toutes les entreprises commerciales avancées. »

Et précisément, il n'existe pas aujourd'hui d'entreprise commerciale plus avancée – c'est-à-dire plus endettée, plus ruinée – que l'État, qu'il soit italien, grec ou même français. Ainsi le modèle mafieux s'est-il imposé comme modèle de tous les États, comme vérité de leur fonctionnement.

Lorsque, en 1988, Guy Debord essaie d'attirer l'attention sur le phénomène d'une *mafia intégrée*, personne ne semble prendre la mesure non seulement de la collusion entre les États et l'organisation criminelle (il n'y a qu'en Italie qu'on sache cela comme une évidence), mais de l'idée plus radicale encore que c'est la mafia qui structure l'État, c'est-à-dire qu'il n'y a pas d'État, mais une organisation criminelle à but lucratif, qui n'a pas seulement « infiltré » les gouvernements (lesquels n'ont plus aucun « pouvoir ») mais constitue, dans le nouage indémêlable de ses intérêts financiers, le pouvoir lui-même.

En regardant le téléjournal, je me disais ce soir-là que la mafia n'était pas seulement un lobby, ni un groupe de pression, mais la pression elle-même, exercée à l'encontre de ce qui résiste à sa domination ; et qu'en cela elle ne se distinguait plus du tout de ce qu'on nomme le pouvoir.

Depuis que j'habitais ici, j'assistais donc à la ruine d'un pays, mais aussi à la mort de la politique (à l'accélération de cette mort). Berlusconi, à sa manière grotesque, incarnait cette mort ; mais depuis que l'Italie avait réussi à se débarrasser plus ou moins de lui, d'autres noms propres – Bersani, Monti, Letta, et maintenant Renzi – se succédaient dans le vide, élargissant par leur échec cette mort de la politique dont Berlusconi n'avait donc pas été le dernier mot.

La spéculation financière, arrivée à son état de décomposition le plus rentable, remplaçait le monde, désormais caduc, des décisions. Les oligarchies, qu'on appelait naguère « mafias », régnaient à la place de l'État, et c'était logique :

l'argent se sert de l'État puisque l'État n'est là que pour servir l'argent. Le système fonctionnait tout seul et n'était plus dirigé par personne : *il n'existait plus, aujourd'hui, que des hommes de paille.*

L'économie politique ayant été vidée de toute autre perspective, il ne restait qu'une visée : celle de l'enrichissement. Les possibilités lucratives du politique tiennent au caractère servile de celui-ci : un homme politique est très simplement quelqu'un d'*achetable.* Tout ce qui est profitable doit avoir lieu, c'est la seule règle ; et si la loi s'y oppose, on pliera donc la loi au profit.

Ainsi, l'esprit du vide qui triomphait en Italie depuis une vingtaine d'années relevait-il moins de ce désordre caricatural qu'on prête trop facilement aux Italiens qu'à un ordre beaucoup plus terrible où la politique donne à voir la nature perverse de son fonctionnement.

Les activités politiques en Italie ne sont pas enflammées : elles appartiennent au régime, aujourd'hui planétaire, du démoniaque. Le sperme du diable est froid : Dante l'avait compris en plaçant tout au fond de l'entonnoir glacé de l'enfer cette *machine à faire du gel* qu'est Lucifer.

L'esprit, en Italie, est gelé. Le point mort est son lieu ; l'indifférence est sa vérité. Ainsi, le *statu quo* qui invalide les décisions parlementaires prend-il la forme d'un *survoltage vide.*

Existe-t-il désormais autre chose au cœur du politique ? Les activités qui s'y rapportent ont depuis longtemps cessé d'avoir lieu sur le plan des actes ; elles se concentrent sur ce plan unique qui les désintègre, celui de l'autoréglage financier des problèmes – ce que Debord appelait avec humour les « complicités fonctionnelles ».

Est-ce pour cette raison que les Italiens, pourtant réputés intempestifs, demeurent si étrangement passifs, et comme expropriés de leur propre ruine ? Il existe en effet, au cœur de l'hystérie, un point d'indifférence. En se déchaînant, les passions y convergent ; et ce point où elles se rencontrent maintient leurs intensités *en les neutralisant.*

Dans les coordonnées classiques, la faillite des démocraties parlementaires (qui accompagne l'effondrement de leurs économies) débouche nécessairement sur l'espérance révolutionnaire qui, en détruisant celles-ci, rédime le politique ; mais nous ne sommes plus à l'époque des Temps modernes : dans les torsions du capitalisme, l'Histoire s'est avalée elle-même, substituant à la figure de l'horizon celle du surplace.

À l'ère qui est la nôtre, disons celle du nihilisme démocratique, une « crise » ne produit aucun présage. Le présage n'existe plus parce que seule la « crise » existe : elle est là pour toujours, sans commencement ni fin, sans contours. On ne peut « sortir de la crise » puisque le système qui la suscite est lui-même la crise. La crise est l'élément même de cette époque d'auto-achèvement du politique ; elle est la substance neutre, illimitée, qui produit l'indifférence.

L'Italie qui semble toujours en retard, l'Italie qui est un pays vieux et lent se révèle, sur le plan des dispositifs de destruction, en avance. Elle rend lisible ce qui frappe en secret les démocraties occidentales : cette paralysie qui est devenue le mode de fonctionnement planétaire du politique, cette mort du politique qui n'en finira plus de vivre comme mort. Ainsi comme il arrive lorsque la ruse domine, sa vieillerie même fait de l'Italie un précurseur.

Comment est-il possible de supporter ce ravage ? Giorgio Agamben notait il y a presque vingt ans : « Jamais époque ne fut plus disposée à tout supporter et, en même temps, à trouver tout intolérable. »

Il semble que nous ayons persévéré dans l'impuissance ; et qu'aujourd'hui la frustration satisfaite soit devenue la norme. Est-ce que l'époque s'est calmée ? Au contraire : TOUT est devenu insupportable, et chacun se force à TOUT supporter. Cette docilité politique qui définit chacun est le fruit d'une violence que nos corps subissent et intériorisent en permanence. Cette violence s'est accumulée au point qu'elle rend impossible le geste qui pourrait l'interrompre : elle ne cesse de nous endormir dans notre rage.

En Italie, et partout ailleurs, on n'entend que des lamentations. Chacun se plaint car le pays est ruiné, comme est ruiné chacun de ceux qui essaient d'y survivre : le quotidien *La Repubblica* n'a-t-il pas annoncé en 2012 que les salaires en Italie étaient les plus bas d'Europe, plus encore qu'en Grèce ou en Espagne ? Et pourtant, cette banqueroute ne suscite pas de révolte ; elle ne suscite que cette passivité gueularde qui est le masque du désespoir.

La rage existe toujours, et la protestation s'exprime toujours en rageant, mais cette rage s'est mise à ronfler. Elle a intégré son impuissance, et peut-être même jouit-elle bassement de cette très secrète satisfaction qui se loge au cœur de la défaite.

À Florence, la nuit, tandis que chacun dormait, j'entendais, venant de cette banlieue généralisée qu'est devenu le monde occidental, le *ronflement de la rage.*

Giorgio Agamben, dans ce texte de 1995, écrivait : « Nous vivons après la faillite des peuples. » Vingt ans plus tard, on peut non seulement ajouter : « Nous vivons après la faillite de la politique », mais : « Nous vivons après la faillite de la faillite. » Car il n'existera rien après la banqueroute, elle ne donnera sur rien d'autre qu'elle-même, étant précisément le symptôme d'un monde qui a *cédé sur tout.*

Cette banqueroute que les médias appellent la « crise » n'est pas seulement le résultat d'une aberration de l'économie mondiale, mais une pathologie organisée qui affecte les corps, en vue de les maintenir dans la misère, c'est-à-dire de les

détruire. Les krachs sont apparemment bour-
siers ; en réalité, ils s'attaquent à notre cerveau,
ils feront bientôt imploser nos têtes, comme dans
les tableaux prophétiques de Francis Bacon.

8

Des arbres pleurent du sang

Nous vivions tous, d'une manière ou d'une autre, la ruine de l'Italie. Qui pourrait s'excepter absolument des conditions de son époque? J'avais encore un peu d'argent, mais on ne tiendrait pas longtemps, Barbara et moi, sans trouver de travail. À Florence, comme ailleurs, il n'y en avait plus. Ou alors il y avait du travail aléatoire: Barbara traduisait des romans, on lui accordait quelques pauvres centaines d'euros qu'elle obtenait après d'incessantes réclamations.

Ses amis avaient tous quitté le pays: les Italiens s'enfuyaient en masse, on n'avait pas vu une telle émigration depuis le début du XXᵉ siècle, lorsqu'ils allaient chercher fortune en Amérique.

Les gouvernements étaient renversés les uns après les autres, au gré d'ajustements dictés par les marchés financiers, et d'alliances de corruption (en Italie, plus qu'ailleurs, le système s'auto-équilibre par tradition à partir d'une sorte de *partage des méfaits*).

Et puis la mafia sicilienne, avec son habituelle brutalité, l'a formulé clairement : « Quand on a de l'argent et des amis, on se rit de la Justice. »

Chacun sait que la loi – c'est-à-dire ses représentants – est *achetable* : on pouvait lire en 2012, dans *La Repubblica*, les aveux de parlementaires italiens, et les 150 000 euros qu'on leur attribuait pour prix de leur consentement aux trafics de fonctionnement berlusconiens.

Dans la perversion de l'économie politique, la loi est au service de ce qui est profitable : elle le blanchit.

Cela ne signifie pas que les affrontements n'existent plus ; au contraire les intérêts se menacent toujours les uns les autres avec une férocité criminelle. Le blanchiment de toute attitude est la vérité même du fonctionnement : ne prévaut plus que la rentabilité d'une opinion ; ainsi dans le marché des opinions n'apparaissent que celles qui rapportent le plus (dans cette logique, les opinions divergentes étant nécessairement déficitaires).

Plus personne ne se donne le mal d'habiller idéologiquement ses opérations financières ; si bien que le mot « politique » coïncide avec celui de fonctionnement. L'ingouvernable contemporain s'éprouve ici comme vérité de l'impunité.

La négociation mafieuse porte sur le service ; on sait ce qu'une telle logique implique : chacun n'existe plus qu'à travers son prix, toute personne est à vendre. « Telle trouve à se vendre qui n'eût pas trouvé à se donner » : on dit que Stendhal répétait souvent ce proverbe.

Loin du folklore des indignations intégrées, il faut ainsi penser ensemble le système des parlementaires achetés et celui des cortèges de filles s'exhibant dans la salle de BUNGA BUNGA. Le chantage est toujours réversible : car ceux et celles qui n'existent que *payés* feront toujours payer en retour ceux qui les ont réduits à un tel rapport.

Par-delà l'extension de la crapulerie, quelque chose de plus terrible ne cesse de se mettre en place, et qui, sans doute, ne finira pas. C'est une expérience, elle est en cours, et vise le conditionnement de chaque individu : il s'agit de *normer la servitude elle-même.* Le voyou aussi pense ; et bien entendu il ne pense qu'à lui. Mais à ce jeu, les voyous au pouvoir sont dépassés par cette expérience, qui à la fois les traverse et se sert d'eux (utilise leurs turpitudes).

Cette expérience infâme – *l'ultimo infame esperimento*, comme dirait Pasolini – vise à liquider définitivement ce qu'on nommait la politique. Dans ce processus, le « BUNGA BUNGA » doit devenir planétaire ; il doit devenir le nom de tous les rapports. Chacun, homme ou femme, doit être asphyxié dans sa rétribution, vissé dans un système qui, en le payant, le ruine.

Barbara continuait à voter, mais elle n'y croyait plus – elle répétait : « *Al peggio non c'è mai fine* » (Le pire est sans fin). Elle avait raison : tout pouvoir s'accroît du spectacle de son impunité. Quand plus personne n'a honte – quand la honte est vaincue –, commence la vulgarité, c'est-à-dire le crime.

Derrière le harem : les combinaisons ; et derrière les combinaisons : les crimes. Et derrière les crimes ? Rien.

Ce rien est le secret de ce qu'on nomme la « crise ».

La crise ? On nous faisait croire qu'elle n'était qu'un accident dans l'économie politique de la planète, alors qu'elle en est la vérité même. La crise est l'autre nom du processus financier. Elle est ce qui maintient chaque phénomène sous l'emprise de la norme catastrophique. L'objectif, c'est qu'il n'existe rien en dehors de la crise.

Il était facile de constater, en Italie ou ailleurs, que la crise est plus forte que tous les désirs, qu'elle a débordé le secteur de l'économie et enveloppe à présent chaque parcelle de la vie, à commencer par le langage, dont la lecture des romans contemporains révèle à quelle vitesse il s'amoindrit.

Qu'est-ce qui échappe au capitalisme ? L'amour ? La poésie ? Lacan disait : la sainteté.

C'est à cette époque que je me mis à écrire un roman. J'allais tous les matins m'enfermer aux Oblate, un ancien couvent transformé en bibliothèque, qui jouxtait le Duomo. Il y avait de longues tables, comme dans un réfectoire de moines. J'étais entouré de jeunes étudiants en biologie, en droit, en histoire de l'art qui, tout en apprenant leurs manuels, écoutaient de la musique en dodelinant de la tête. Je m'achetai moi aussi un casque, et tout en écoutant Antony Braxton, Albert Ayler, Godspeed You ! Black Emperor ou des musiques traditionnelles du Mali, j'essayais de trouver un passage nouveau entre solitude et communauté.

Ce passage existe-t-il ? Les révolutions ont échoué là, à ce point où le nombre se confond avec le contrôle. Je pensais : seule la solitude est politique. Je creusais encore et encore cette solitude ; je plongeais dans l'univers des parias africains de Paris, ceux du XXe arrondissement, où j'avais vécu plus de vingt ans ; je les dotais d'un savoir anarchiste, venu des très anciennes traditions dogon ; et imaginais la vie d'un type vivant dans sa voiture, coupé de toute offre et de toute demande, évoluant dans une extase lucide et désespérée, qui rencontre ces sacrifiés glorieux. C'était lui mon saint, et c'étaient eux. Je rêvais à une *politique des solitudes.*

Les vies obéissent à une structure d'effondrement commandée par des oligarchies que leur propre démence a depuis longtemps dépassées. Le caractère psychotique du capitalisme est-il reconnu ? On lit dans la presse italienne d'étranges faits divers, qui tous répondent à cet effondrement du monde, et semblent commandés par le phénomène, quasi sismique, de la réplique : il n'est plus possible de révolutionner le monde, alors on le répète, comme des fous – on remet en jeu sa dévastation par un geste dévastateur.

Quelqu'un a dit que la révolution est le contraire de la tristesse. Est-elle encore possible ? Les *actes étranges* dont se prévalaient les révolutionnaires dans les anciennes coordonnées de la politique (celles d'il y a à peine trente ans) ne sont plus dirigés contre la société, mais contre ceux qui en ressentent le plus violemment la faillite. La rage, quand elle n'en peut plus de ronfler, se retourne contre elle-même. Autrement dit, le passage à l'acte n'est plus révolutionnaire, mais suicidaire.

Dans *L'Enfer* de Dante, il y a des arbres qui pleurent du sang. Ce sont les voix des suicidés qui se plaignent. Dante écrit : « *Io sentia d'ogne parte trarre guai* » (J'entendais partout des lamentations).

En bas de chez moi, le long du Mugnone, cette rivière qui traverse Florence, les arbres souvent sont rouges. Mais je ne veux pas *croire* au suicide. Est-il possible de le traverser – de traverser l'intolérable pour enfin retrouver, par-delà la mort du politique, la possibilité d'une espérance ?

Je cite à nouveau le texte implacable de Giorgio Agamben : « Quiconque a éprouvé cette honte silencieuse d'être un homme a coupé en lui tout lien avec le pouvoir politique dans lequel il vit. Elle nourrit sa pensée et inaugure une révolution et un exode dont il parvient à peine à entrevoir la fin. »

J'ai coupé en moi tout lien avec la politique. Je suis silencieux. Mon silence tend vers une révolution ; il s'ouvre à un exode. Et si cet exode est sans fin, c'est aussi que la révolution est déjà là : elle existe, loin du politique, silencieuse. J'entends partout ce silence nouveau.

9

Le silence est une forme de pensée

J'allais parfois à Rome pour la journée. Je prenais le train vers huit heures et revenais en début de soirée. À chaque fois, j'avais une idée précise : voir tel tableau ou telle sculpture. J'ai vu ainsi la plupart des Caravage, en leur consacrant ma journée, et en vivant ma visite comme une aventure : chaque détail du voyage se rapportait au tableau, lequel se mettait à éclairer ma vie.

Je raconterai un jour ce qui m'est arrivé avec la *Madone des pèlerins*, un Caravage qui est dans la basilique de Saint-Augustin. Mais cette fois-ci, c'était le *Moïse* de Michel-Ange que je voulais voir.

Dans l'église San Pietro in Vincoli, la statue continue de lancer sur le monde ce regard de colère qui impressionnait tant Freud, lequel essayait à chacune de ses visites de « tenir bon face au regard courroucé et méprisant du héros » (et se repliait finalement dans la pénombre pour échapper à son jugement).

Je remarquai ce jour-là un écriteau, traduit en plusieurs langues. En voici la version française :

IL EST INTERDIT DE STATIONNER
DEVANT LA STATUE DE MOÏSE
POUR DONNER
DES EXPLICATIONS AU GROUPE

Freud aurait sans doute apprécié l'ironie invo-lontaire de cet écriteau. Car c'est vrai : il vaut mieux ne pas se trouver en face du *Moïse*, il ne faut surtout pas rester devant lui, et encore moins ouvrir la bouche. Cet écriteau, dans sa naïveté policière, dit une vérité sur la statue : croiser le regard du *Moïse* vous coupe la parole.

J'écoutais *Moïse et Aaron*, le grand opéra de Schoenberg sur l'aphasie, quand j'ai repensé à l'écriteau de San Pietro in Vincoli. Pour triom-pher de toutes les épreuves auxquelles la pensée est exposée, Moïse affirme qu'il faut un Dieu à Israël, mais Israël n'en veut pas, d'où sa colère. Je me demandais à quoi s'adresserait aujourd'hui la colère de Moïse, sinon à la destruction même de la pensée, à ce ravage qui destine les corps à l'inexistence politique.

Si Freud redoutait tellement le regard du *Moïse*, c'était parce que Michel-Ange a sculpté dans le marbre l'instant où le héros découvre la vulgarité de son peuple : son regard semble bon-dir, il se jette – écrit Freud – sur la « populace » (dans la traduction de Marie Bonaparte, il s'agit de « racaille »).

Et puis j'ai pensé au *Regard de Michel-Ange*, un film d'une quinzaine de minutes de Michelangelo

Antonioni, où celui-ci, vers la fin de sa vie, vient regarder la statue de Moïse. Antonioni monte les marches de l'église pour dévisager la statue – pour « tenir bon » face à Moïse, comme disait Freud.

Une série de champs-contrechamps silencieux concentre l'échange de regards : qui regarde qui ? – et depuis quel secret ? On sait qu'Antonioni, suite à un accident cérébral, avait perdu la parole. On sait aussi que Moïse ne parlait pas : sa bouche était « lourde », dit la Bible. C'est un héros du silence : « Ma langue est raide, je sais penser mais non parler », dit le Moïse de Schoenberg. Ce que donne à voir ce petit film d'Antonioni, c'est un transfert de silence.

Alors, d'un silence à l'autre, qu'est-ce qui se passe ? De quelle nature est le passage entre le *Moïse* de Michel-Ange et son homonyme antonionien ? Est-ce le *Moïse* de Michel-Ange qui offre quelque chose à Antonioni, ou celui-ci qui fait de son mutisme une offrande ? La transparence inquiète de cet échange convoque dans sa mélancolie des figures immémoriales : sans doute Antonioni vient-il à la fois saluer la beauté et annoncer sa sortie, comme si, une fois son parcours artistique bouclé, il s'agissait encore de s'exposer au verdict de l'art, à la terrible endurance de son regard : rencontrer son propre silence dans le marbre, c'est se mesurer à l'énigme de la transfiguration.

« Tenir bon » face au *Moïse* de Michel-Ange consiste ainsi à avoir parcouru l'expérience même de l'art jusqu'à extinction de ses possibilités, et – comme Lacan le dit du héros – à ne pas céder sur son désir. Le face-à-face avec les œuvres est l'histoire même du temps : c'est le lieu de la transfiguration, c'est-à-dire du monde à venir – c'est la grande politique. Quand Freud pense à Moïse, il y pense contre la Loi. Quand Schoenberg pense à Moïse, il y pense contre Hitler. Quand Antonioni pense à Moïse, il y pense contre quoi ? Sans doute contre l'Italie – contre la dévastation politique et culturelle de l'Italie.

L'aphasie d'Antonioni est historiale : c'est une manière d'endurer la destruction de l'Italie – de lui répliquer. Il n'y a plus rien à dire face au ravage organisé dans ce pays ; Antonioni en a vécu les conséquences de la manière la plus extrême : l'Italie lui a ôté la parole. Comme Moïse face à l'idolâtrie de son peuple, Antonioni, à la fin de sa vie – et d'une manière peut-être plus profonde encore que Pasolini, plus énigmatique –, défie les Italiens. Son silence est une forme de pensée : c'est un avoir-dit glorieux.

On sait que le temps du regard est contrôlé par la société ; c'est par l'enregistrement que le contrôle s'exerce. La grande ironie d'Antonioni – la puissance de sa fragilité – consiste à mettre son corps en travers de la surveillance ; car s'il existe quelque chose qui échappe à celle-ci, c'est le silence. Les sphinx sont le contraire des spectres. Les sphinx pensent, ils ne sont pas repérables.

Cette rencontre entre Antonioni et Moïse est un acte secret. En lui se concentre quelque chose de décisif, que Schoenberg avait entrevu : la parole, politiquement, ne tient plus ; ce qui doit se dire passera par le silence. Dans la rencontre entre Antonioni et Moïse, il en va ainsi de la transmission même de la pensée. La transmission de la pensée s'accomplit en silence à travers le temps ; c'est la véritable histoire.

10

Précisions sur la solitude

J'ai pris une voiture, traversé l'Arno, et la campagne toscane s'est ouverte jusqu'au sanctuaire de la Verna. J'ai roulé pendant deux heures à travers les collines du Casentino en pensant à la situation en Italie. Je me répétais cette question de Giorgio Agamben : « De quoi les Italiens ont-ils honte ? »

Je pensais : ils traversent la mort du politique avec le sourire fou de notre siècle. Je pensais à la dévastation culturelle qui accompagne toujours la corruption politique. Je pensais au ravage des corps où s'effacent désormais les gestes. Je pensais au sourire fou des Italiens qui tentent d'oublier leur honte en se prenant pour des victimes.

Au volant de la voiture, je répétais lentement cette phrase : *Traverser la mort du politique avec le sourire fou de notre siècle.* Au fond, me disais-je, les Italiens font une expérience qui n'est pas seulement italienne, mais mondiale. C'est dans le monde entier qu'on traverse aujourd'hui la mort du politique avec un sourire fou.

C'était en octobre, le plus beau mois en Italie, celui où la lumière attendrit les reliefs, et donne aux feuillages une transparence de nacre. J'avais glissé dans l'autoradio le CD de *Wozzeck*, l'opéra d'Alban Berg, dans la version de 1966 de Pierre Boulez. En roulant parmi les cyprès, avec la douce ondulation des coteaux de vigne, la plainte de Wozzeck – l'exploité absolu, humilié par son chef, par sa femme, par la science qui fait de lui un cobaye – prenait un relief déchirant.

Chaque mot crissait comme un bris de glace, mais aucun n'atteignait la douceur des collines : la belle campagne toscane a elle aussi un sourire fou.

En roulant vers le sanctuaire de la Verna, j'ai pensé que la mort du politique succédait à la mort de la poésie, qui elle-même succédait à la mort de Dieu. Le monde occidental, me disais-je, a fait successivement l'expérience de trois morts : celle de Dieu, de la poésie, et du politique. Et sans doute ces trois morts ne sont-elles que les symptômes d'un seul et unique événement, qui traverse les époques, plie chaque volonté humaine, reconfigure l'histoire – événement dont procèdent les conditionnements qui clôturent notre « petit monde blême et plat », comme dit Rimbaud.

Il n'est pas difficile de reconnaître dans cet événement, qui relève autant de la métaphysique que de l'économie, ce qu'on nomme le *marché*. Ce mot vous semble assez vague, mais il ne désigne pas seulement la finance ; et l'on peut affirmer aujourd'hui, après un siècle continu de krachs bancaires, qu'il recoupe ce processus que certains philosophes, de Nietzsche à Heidegger, appellent le nihilisme.

Car le marché c'est la société absolue – son expansion planétaire. Ce qui se donne à vendre à travers lui, ce ne sont plus seulement les marchandises, mais l'existence de chacun, envisagée comme un stock monnayable, traitée comme un produit, et dont la cote est proportionnelle à l'intégration sociale qui la motive. (Un tel marché des existences signifie, à terme, le reprofilage de l'espèce.)

Est-il possible que quelque chose en nous échappe au marché, c'est-à-dire à cette combinaison infernale du formatage et du contrôle ? L'époque appelle une nouvelle solitude : une solitude qui ne relève pas du repli – mais d'un écart critique. Une solitude qui soit capable de se détourner en faisant l'expérience de ce qu'elle rejette, une solitude qui réplique au sourire fou de l'époque.

Les flux d'information nous transpercent à chaque instant. Impossible d'échapper à cette connectivité qui abolit les distances, nous poursuit à tous les points du monde – même les plus « isolés » –, nous oblige à être reliés, c'est-à-dire à fraterniser dans l'inessentiel.

Il n'est même plus possible de vouloir éventuellement être informés ; c'est l'information qui nous veut, et son vouloir a l'efficacité d'une Érinye : elle nous trouve où que nous soyons (d'ailleurs nous ne pouvons plus nous empêcher de vouloir nous aussi ce qu'elle veut et, même perdus au bout du monde, nous recherchons fébrilement notre « connexion »).

Être seul à l'époque du réseau intégral relève de l'impossible. C'est pourquoi la solitude va devenir nécessairement un enjeu politique, en même temps qu'une denrée rare : une chose pour laquelle on va se battre, et qui déclenchera des guerres.

En approchant de la Verna, avec la plainte de Wozzeck dans les oreilles et la splendeur des collines alentour, je me disais que la surinformation dont nous sommes continuellement l'objet est en réalité une attaque contre notre désir : en ne nous privant de rien, la société culturelle encourage notre dépendance.

L'excédent culturel infusé en permanence aux corps occidentaux ne relève-t-il pas de l'intoxication ? Celui qui, à chaque instant, accède à la simultanéité globale, n'existe plus qu'à travers une jouissance rassasiée où guette la dépression.

Si je prends chaque jour ma voiture et sillonne, avec de la musique, les routes italiennes, c'est pour couper – pour trancher dans le conditionnement. Seule l'interruption écoute ce qui s'allume et s'éteint. Je cherche le point où le biopolitique n'agit plus. J'ignore si un tel point existe.

À quarante-trois ans, François d'Assise désire être seul : il a passé sa vie à travailler pour la communauté, il veut maintenant s'isoler. Un noble toscan, le comte Roland, lui fait don d'une montagne à l'écart, couverte de bois, qui s'appelle l'Alverne – la Verna –, où ces phrases nous mènent.

Ce « dur rocher entre le Tibre et l'Arno », comme l'appelle Dante au chant XI du *Paradis*, se trouve dans la province d'Arezzo, au cœur de cette partie sauvage et escarpée de la Toscane qu'on nomme le Casentino.

François s'y rend à pied avec quelques compagnons, Léon, Ange et Illuminé, qui vont lui construire son ermitage. En chemin, ils trouvent une église abandonnée, et s'y abritent. Tandis que ses compagnons dorment, François se jette en prière ; il est aussitôt assailli par de multiples démons qui lui livrent bataille. Le petit livre de piété qu'on appelle *Considérations sur les stigmates* rapporte que le combat avec les démons est si violent que François est molesté, empoigné, transporté hors de l'église, jusque dans un bois, où sa ferveur et ses larmes de piété confondent ses adversaires.

Au matin, brisé de fatigue, François ne peut continuer sa route à pied ; ses compagnons lui trouvent un âne. Au pied du rocher de la Verna, il s'étend sous un chêne ; des oiseaux se posent sur sa tête, ses épaules et ses bras, afin de réjouir son ascension. Parvenu en haut du mont, on lui fait une cellule de hêtre, où il se tient des journées, des nuits entières, ouvert à la perfection de la prière.

On raconte que la contemplation continuelle des fissures et des crevasses qui marquent la roche le porte à des extases où il reconnaît la souffrance du Christ : selon saint Matthieu, à l'heure de la Passion, *les pierres se brisèrent.*

François désire être plus seul encore : au flanc de la montagne, il avise une pointe qui se tient d'elle-même dans le vide, « très horrible et effrayante », dit son biographe. Il faut jeter une planche pour y accéder. François veut y faire le carême ; on lui établit une nouvelle cellule. Frère Léon est autorisé à s'approcher une fois par jour, avec un peu de pain et d'eau, qu'il laisse sur la planche.

Un immense ravissement commence alors, où François trouve ce qui ne se trouve nulle part. Le feu lui vient, dans un débordement de silence. Des stigmates se gravent sur son corps, comme si l'Évangile s'y écrivait en lettres de sang.

Qu'est-ce qui est le plus contemporain ? Ce bla-bla incessant des rapports de force qu'on appelle l'« actualité », ou la joie sans limites d'un jeune homme d'Assise qui se rêvait, au XIIIe siècle, chevalier ou troubadour, et qui trouve dans la solitude la voie d'un *destin nouveau*?

Le véritable geste contemporain invente ce qui efface le sourire fou de l'époque. En cela, il consiste à interrompre dans nos esprits ce qui les colonise. La rigueur d'une telle démarche appelle l'excès qui la fonde.

Il paraît que la communauté est le premier nom de la mort de Dieu ; je crois plutôt que c'est la solitude qui en consacre l'expérience. Un penseur franciscain, Duns Scot, l'a énoncé avec clarté : « Être une personne, c'est connaître la dernière des solitudes. »

Ceux qui s'adonnent à l'écriture, à l'amour, à l'art sans y placer l'extrême de la pensée sont fades. Quelque chose de déraisonnable – une outrance, mais sobre – s'embrase au contact de ce point qui allume vos désirs. Les livres les plus radicaux, les baisers, les étreintes les plus grisantes viennent du courage de la solitude, c'est-à-dire d'un héroïsme qui relève du mystère, et vous rapproche du sommeil des oiseaux.

La solitude de François d'Assise est en rupture avec la règle. En effet, l'ordre qu'il a fondé exige la vie communautaire : dans la vie des moines – cela peut paraître surprenant –, la solitude est contraire à la joie commune ; ainsi est-elle considérée comme un mal, et rapprochée de Satan : celui qui vit seul s'expose au diable et aux tourments ; et puis, selon la règle, se retirer dans la vie solitaire relève du désœuvrement, lequel est contraire à la loi de la charité, ainsi qu'aux bienfaits collectifs du travail.

Je me suis arrêté près du sanctuaire de la Verna. Je pense à la douceur de l'anarchisme franciscain, à ce désœuvrement, inspiré par les saints, qui défie le capitalisme.

J'écris ces phrases en écoutant *Drukqs* d'Aphex Twin : le saint qui parfois écrit dans ma tête est semblable à cette musique, qui invente une forme d'innocence.

La solitude est-elle politique ? Son expérience, en tout cas, vous accorde à la possibilité de lancer, d'une manière nouvelle, les trois dés : Dieu, poésie, politique. De rejouer leurs combinaisons. D'écouter ce qui s'écrit à travers eux.

Pas besoin d'être croyant pour dire : « Dieu ». Nul besoin de composer des poèmes pour vivre la poésie. Ni de s'affilier à un parti pour être politique.

Précisément, la solitude dont je parle défait les adhésions, elle déjoue l'idée même d'identité : en elle, le spirituel, le poétique et le politique se rencontrent à travers l'éclair d'une chance qui repousse les démons du conditionnement continuel.

Personne n'est épargné par ce conditionnement, personne n'est *indemne* : le dégagement rêvé implique qu'on traverse sa propre solitude. C'est-à-dire qu'on vive le rapport avec la servitude contemporaine comme une endurance extatique.

Voilà : la solitude est le nom d'une expérience extatique qui n'a pas besoin des extériorités classiques de l'extase. Un silence dira mieux la nature du soulèvement qui l'habite.

Parvenir à être seul – vraiment seul –, c'est rejoindre ce point du monde que je poursuis depuis mon arrivée en Italie. C'est le « point le plus vivant » de Dante – le point à partir duquel naissent les lucioles. Dans les ténèbres absolues, il n'y a qu'elles qui brillent. On croit toujours que les lucioles ont disparu, que leur lumière est morte, et puis *le point le plus vivant* renaît.

Lancer les trois dés est une manière de faire briller les lucioles. Nous sommes quelques-uns à travailler, historiquement, à une renaissance.

Sortir du contrôle n'implique pas nécessairement la distance – le sans-distance règne et chacun, qu'il le veuille ou non, est relié – mais un exorcisme : dans la solitude, on voit briller la lame du couteau.

La clarté de la solitude est le programme de l'amour à venir ; la littérature, comme affirmation à la fois spirituelle, poétique et politique, est son langage. (Il s'oppose aux arrangements du travail, à la migraine des *rapports* dits humains.)

Seule la solitude se partage ; partager autre chose est une erreur (et relève du brigandage). La solitude coïncide avec l'incorrection de la pensée qui cherche son plaisir à travers des voies inconnues.

Je m'avance à pas de loup vers les lèvres d'une femme ; ce chemin qui tourne est la pensée elle-même, exposée à son ombre, et au ravissement qu'elle espère.

Lorsque François d'Assise se prend d'amour pour la punaise qui ronge sa couche, lorsqu'il lèche la toile d'araignée au coin de sa cellule, ce n'est pas pour vaincre la répugnance qui entrave-rait son amour des créatures de Dieu, mais pour tenter de *s'égaler à l'énormité qu'il y a dans l'amour* (à la destruction de la hiérarchie dont il procède, au bonheur insensé qu'il prodigue).

La clarté à laquelle je voudrais parvenir (mais vouloir n'est rien) suppose des réserves de forces que je n'ai pas, car chacune d'elles se dépense à la moindre occasion d'extase. Ainsi, je me consacre à ces extases, même à la plus dérobée, à la plus timide, *à la plus inexistante*, comme à un sacrifice sans bois, sans feu, sans agneau, sans Isaac : ici commence une érotique qu'il est bon de masquer.

L'érotisme est précisément ce qui se substitue, en un éclair, à l'instant qu'on croyait vivre – et qui, dès lors, sera autre (cet autre est tout).

L'instant qui s'ouvre sous mes doigts, tandis que j'écris, à dix heures dix-neuf du matin, ce samedi, à Florence, avec le soleil qui vient des collines de Fiesole, et réchauffe si fort la terrasse qu'il est impossible d'y marcher pieds nus avant treize, quatorze heures, cet instant encore imprimé de draps, de café, de souvenirs de la soirée d'hier, et du plaisir d'entrer dans une journée radieuse, est traversé par un calme qui appelle la clarté solitaire.

C'est la nuit, maintenant, les signes flambent; et dans les bois, sur le rocher, tandis que François prie, des lumières s'allument, qui font à la montagne un feuillage d'hermine – un manteau de roi. Ce sont les lucioles. Les mêmes qui dansaient à Jérusalem autour de la Croix, l'après-midi où mourut le Christ, et qu'il fit nuit si soudain; les mêmes petites lumières qu'il y a chez Dante, et qui accompagnent le poème vers une plus grande lumière, celle qui habite à la fois Béatrice et la Vierge, cette lumière des étoiles qui se meut sous le nom d'amour; ces mêmes lucioles, mille fois éteintes, disparues, puis ressuscitées qui mettent en joie Pasolini lorsqu'il filme sur les routes d'Italie, en 1975, deux vagabonds accompagnés d'un corbeau qui parlent du marxisme et des oiseaux, qui comprennent que parler aux oiseaux consiste d'abord à *parler en oiseau*, c'est-à-dire, dans une Italie où la poésie est mise à mort, à habiter poétiquement la parole; ces lucioles, toujours vivantes malgré l'aveuglement humain, que j'ai vues à Rome, une nuit d'été en 2009, dans les jardins de la Villa Médicis, et qui volettent sur ces pages comme un dôme, une treille, un sourire, une espérance légère.

Le vent de la Verna est doux ce soir. La politique n'est pas morte. Les sourires ont l'air moins fous, l'Italie renaît le temps d'un battement d'ailes. Il reste une petite lumière, deux, trois lueurs qui dansent à l'intérieur des ténèbres. La solitude est une luciole, elle ne meurt jamais.

11

Porcherie

Un soir d'été, un petit cinéma de village programma *Porcile* (*Porcherie*), un film de Pasolini à la réputation ingrate, qu'on ne voit jamais.

Nous prîmes la voiture et sinuâmes à travers les collines de Prato. En août, la campagne semble un désert, les oliviers brûlent. Les routes de campagne, serrées entre des murs de pierre, creusent un boyau qui à chaque virage donne à pic sur l'enfer. À chaque virage, Barbara fermait les yeux. J'avais glissé des *Chants de partisans* dans le lecteur de CD, et nous entonnions « *Bella Ciao* » pour nous donner du courage.

Vers vingt-deux heures, nous arrivâmes enfin devant une villa. Des voitures étaient garées. L'affiche du film était placardée sur la grille. Un type attendait, avec une lanterne. Il nous mena par un sentier qui coupait dans la forêt, jusqu'à une clairière où un drap blanc se dressait dans la nuit. Nous nous allongeâmes dans l'herbe, qui était humide. Le type à la lanterne était reparti. Il y avait d'autres personnes, allongées comme nous face au drap qui flottait, mais le ciel noir empêchait qu'on les distingue. On n'entendait aucun bruit, sinon ceux des bois. Un vent léger traversait les feuillages. Personne ne parlait ; il m'apparut que personne ne se connaissait.

Un jeune bourgeois, fils d'un industriel allemand, incarné par Jean-Pierre Léaud, se plaint, pérore, dit une chose et son contraire, puis sombre dans une longue catatonie, tandis que sa famille, son père, sa mère continuent à bavarder.

Le monde de *Porcherie* est celui où les bourreaux parlent d'eux-mêmes comme de victimes. Leur atermoiement est illimité, ils ne cessent de se justifier : ils ont tué en eux tout destin.

Le jeune bourgeois joué par Jean-Pierre Léaud dit : « En ce jour d'août 1967, je n'ai pas d'opinions. J'ai essayé d'en avoir. En conséquence, j'ai fait mon devoir. » Plus tard, il ajoute : « Ma moitié conformiste s'ennuie. Ma moitié révolutionnaire attend. L'ensemble s'arrête pour profiter. » Et la jeune femme amoureuse de ce mollusque (incarnée par Anne Wiazemsky) lui répond avec raison : « Qui veut le rien comme toi veut le pouvoir. »

Le monde de *Porcherie* est celui des fils qui, parce qu'ils ne savent plus quoi faire avec la parole, se mettent à la souiller. Leurs pères étaient des assassins : des industriels qui se sont commis avec le nazisme et qui n'ont plus besoin du crime, de la guerre et de l'extermination pour prospérer : « Nous nous sommes améliorés », dit l'un d'eux.

L'oligarchie planétaire sait que les moyens de production sont l'autre nom de la dévoration. Les porcs grognent : c'est leur plaisir. Un espace existe-t-il pour une parole hors de la porcherie ?

La porcherie, on l'a compris, est le monde qui succède à celui des camps. En exterminant les Juifs d'Europe, la bourgeoisie occidentale est devenue incapable d'instruire sa propre histoire en termes de tragédie. Il n'a plus été possible pour elle de s'approprier un tel mot. La tragédie comme pensée (comme invention sacrée de la parole, comme processus sacré de catharsis) s'est achevée dans les crématoires d'Auschwitz et de Treblinka. Ce sont des industriels allemands qui parlent dans le film de Pasolini, mais ils parlent en italien. L'infamie allemande est aussi italienne ; elle est occidentale, mondiale – planétaire : c'est celle de la destruction de la tragédie – c'est le monde de la parole comme porcherie.

Artaud disait : « Là où ça sent la merde, ça sent l'être. » Pasolini diagnostique un monde où l'être n'est plus : un monde où l'être a été remplacé par la merde. *Porcherie* propose en effet une clinique du nihilisme culturel contemporain : celui où non seulement la dépression est fécale, mais où la fécalité se substitue à la parole. (Une jouissance ? « Je grogne comme mon père », dit le fils d'industriel ; il appelle ça : « profiter ».)

Il ne s'agit pas d'absence de foi : la porcherie, ce sont les discussions. Ils discutent, ils n'en finissent plus de discuter. Cette discussion est le contraire de la politique – ou alors la politique de l'infamie : « La dernière expérience infâme est terminée », comme dit le film.

Quelqu'un, dans la clairière, redit la phrase en criant :

L'ULTIMO INFAME ESPERIMENTO
È FATTO

Le spectaculaire intégré s'est spécialisé dans l'énonciation ultime : il lui plaît de tout faire passer pour la dernière chose. Mais l'expérience infâme n'est jamais terminée, elle est précisément ce qui n'en finit pas. Il n'y a plus qu'elle : toutes les expériences sont en passe de devenir infâmes (c'est-à-dire *privées de sacré*).

La porcherie est le monde où la singularité irréductible – c'est-à-dire la possibilité de la fondation – est devenue impossible. C'est un monde où l'on mastique, où, anticipant le réglage médicamenteux-dépressionniste du début du XXIe siècle, l'on s'automastique à travers l'échange dévitalisé d'un bavardage sur les crimes du passé et les affaires du présent.

Ce n'est même pas le désert qui croît : les corps qui parlent dans le film de Pasolini ne sont plus des nazis, ils sont pires. À travers eux, l'extermination de la pensée continue d'avoir lieu, et se propage comme élevage de porcs.

La porcherie, c'est donc le lieu où chacun s'aliène tout seul en souillant son langage. Le lieu où l'on transforme la parole en merde. Un tel diagnostic vous paraît excessif ? C'est pourtant ce qui a cours à travers les réglages médiatiques qui, depuis une vingtaine d'années, ont remplacé les champs du discours : on ne fait pas que chier sur la tête de ceux qui cherchent une parole ; on change consciencieusement la parole, toutes les paroles, mais surtout la parole en tant que telle, en merde.

12

Lampedusa

J'étais dans un avion, et je pensais mourir. Le vol était plutôt calme, mais chaque fois que je suis dans le ciel, turbulences ou pas, mon angoisse se casse en deux : plus rien n'a d'importance, l'existence ne suffit plus, je tombe dans une indifférence dont la férocité convoque des images crues. Je deviens un trou, je flotte dans l'univers vidé. Vivre, aimer, respirer n'ont plus lieu – ne subsiste qu'un immense flottement où des nuages ricanent.

Si j'avais alors conscience, ne serait-ce qu'une minute, que les corps sont jetés dans l'espace et que rien ne retient leur chute infinie ; si je *réalisais* à quel point les trous d'air qui nous creusent le ventre composent le vide qu'est l'univers, je hurlerais (de terreur, de joie peut-être). Mais l'angoisse projette ses écrans ; elle nous évite de penser que les galaxies s'écartent les unes des autres, et qu'à part un peu de matière, dont les étoiles, les planètes et nous-mêmes sommes faits, il n'y a rien dans l'univers, ou plutôt il y a – avant tout – ce rien.

J'ai souvent convoité, autant que redouté, ce moment où, les veines tranchées, on passe au-delà de la douleur. Je pressens cet apaisement plus intense que la volupté. En un sens, tout y conduit : les corps ne s'attirent les uns vers les autres qu'afin de trouver dans leur étreinte ce point où chacun se délivre de la pesanteur ; le langage lui-même ne tend que vers la poésie qui lui accorde une ivresse. Dans un avion, je meurs, et cette mort relève d'un excès facile : un glaçon jeté dans un verre de whisky aurait plus de consistance.

Le ridicule de l'angoisse réside dans sa fidélité : à peine l'avion a-t-il décollé que fermant les yeux, vissé à mon siège, me voici livré à son fatalisme. Disparaître semble alors aussi évident qu'une glissade. L'angoisse ne vise qu'à la dissolution qui en est la forme excessive : c'est en atteignant l'inertie qu'on est au plus près de la mort. Je pourrais déchirer à pleines dents un chevreau vivant, ce geste s'accomplirait au ralenti, comme dans du coton : aucun jeu ne dérange les astres.

J'essaie donc de penser à autre chose. Et à chaque fois, ce sont des détails qui viennent à mon secours, ils se précipitent dans ma tête et s'ajustent comme un vitrail : l'image d'une grappe de raisins bleus ; un mur de Pompéi ; du sperme sur les lèvres d'une femme aimée ; la couverture défraîchie d'un livre de Knut Hamsun ; la douceur grise des coussinets d'un chat ; le timbre décisif des cloches du Duomo de Florence à midi ; un décret de Saint-Just : « Les femmes ne peuvent être censurées » ; l'image de longues arcades ensoleillées ; le mot « pivoine », le mot « colline », le mot « septentrion » ; de la nacre dans une huître.

J'étais donc dans cet avion, la tête collée au hublot. Nous étions au-dessus des Alpes, entre l'Italie et la France. La planète est encombrée de richesses et de mort. Les richesses ne sont pas partagées, mais la mort oui. Il y a des êtres humains enfermés au milieu.

J'ai ouvert *La Repubblica*. Plus de trois cents migrants, en majorité des Érythréens et des Somaliens, sont morts le 3 octobre au large de Lampedusa dans le naufrage d'une embarcation qui venait de Libye. On a retrouvé, parmi eux, le cadavre d'une mère et de son nouveau-né encore accroché à elle par le cordon ombilical. L'enfant est né à l'instant même où le bateau a coulé, sa naissance est une mort. Peut-être n'a-t-il même pas été *mis en vie* – mais directement mis à mort.

Un tel supplice échappe aux critères ; il rejette l'idée même d'humanité. Il paraît que les chefs d'État des pays européens se sont réunis pour aborder, entre autres, la question de Lampedusa :

ils la trouvent préoccupante (c'est-à-dire qu'ils ne feront rien).

Entre les mafias africaines qui les rançonnent et les oligarchies qui verrouillent la politique des pays riches (ceux qui font mine d'accueillir la misère qui les encombre), il n'y a maintenant plus de place dans le monde pour les pauvres. Lampedusa est ainsi devenu le nom de ce qui arrive à ceux qui n'ont rien ; et précisément, ceux qui n'ont rien, on ne fera plus jamais rien pour eux.

Alors, faut-il pendre les bavards gouvernementaux avec ce cordon ombilical qui les rend tout à coup infiniment obscènes ? Faut-il fermer les frontières de la Méditerranée en y élevant une longue muraille, semblable à celle qu'on voit en Chine ? (J'ai entendu cette suggestion sur une radio française.)

Les cadavres des migrants de Lampedusa s'entassent ; ils n'ont pas de nom. Ce sont les *restes* de la société planétaire – ses déchets. Ils n'ont pas l'air de déranger énormément l'opinion publique : celle-ci continue d'assimiler les immigrés clandestins à des criminels. Elle croit vraiment qu'ils ont le choix : elle ignore que chez eux ils sont menacés de mort, que leur vie est invivable, et que pour monter sur ce bateau qui les mène à leur supplice – c'est-à-dire à la noyade ou, en cas de survie, à l'internement dans un camp de rétention, en attendant d'être esclavagisés par les mafias qui recrutent de la main-d'œuvre jetable – ils ont été rackettés, violés, séquestrés.

En lisant dans l'avion l'article de *La Repubblica*, je pensais à la traite des Noirs, à l'esclavage que Robespierre a aboli en France en 1794 et que Napoléon a restauré moins de dix ans plus tard. Je me disais : l'esclavage n'a pas été aboli. L'esclavage, c'est-à-dire le trafic d'êtres humains et son convoyage comme matière première, non seulement continue à travers la planète, mais il s'agit désormais de la principale marchandise offerte sur le marché de la crise. Comme toute marchandise, en tant que telle, elle ne vaut rien (son intérêt réside dans sa valeur d'échange) ; ainsi peut-on risquer de la perdre – ainsi est-elle *tuable*.

Au fond, la traversée suicidaire de l'Afrique à l'Europe est un moyen pour les riches d'éliminer ce « reste » gênant de leur dispositif : ceux qui sont *en trop*, et dont aucun des deux continents ne veut. La croissance des sociétés occidentales dégénère en une excroissance proportionnelle à la disqualification dont leurs modèles politiques font l'objet ; ainsi leur excédent de richesses ne relève-t-il pas de la « part maudite » dont parlait Georges Bataille : celle-ci ne s'expose pas à la dépense (il lui faudrait un sens du sacré), mais au déchet.

Le couple supplicié de la mère et de son nouveau-né témoigne pour une nouvelle époque de la mort : c'est une pietà de la déchetterie humaine. La politique a pour but originel d'éviter la mise à mort, mais à chaque instant elle la favorise : l'abandon des migrants, l'organisation des hécatombes exodiques n'est que la figure d'un monde où ce que l'on nommait encore hier l'être humain s'est converti en matière transportable, négociable, monnayable.

Toute société est fondée sur un crime perpétré en commun ; il semble que ce crime ne cesse de se répéter, faisant de la mise à mort sacrificielle la figure même de ce qu'il en est de l'humanité. Pire, la figure du crime s'est aujourd'hui modélisée sur celle de l'évacuation des déchets. Le monde s'est réalisé à travers le traitement des déchets, le monde est devenu traitement de lui-même comme déchet, le monde est devenu déchet, il ne s'embarrasse plus de s'occuper des vivants, il produit directement des cadavres.

À Lampedusa, le sacrifice a lieu à chaque instant, mais sans rite. Le sacrifice sans rite se nomme la tuerie ; la fumée qui s'élève du bûcher ne s'adresse à personne. Le fonctionnement fonctionne. Le crime est parfait puisqu'il efface les responsabilités. Les populations *en trop* débordent les territoires, et elles en meurent. C'est logique : on sacrifie les sacrifiés.

13

Nigredo

J'écrivais donc un roman. Dans ces périodes-là, on plonge : c'est une vie spéciale, où les matins, les après-midi et les soirs, en se mélangeant, forment une substance continue d'idées fixes. De simples détails vous semblent des prodiges, on *voit* les phrases ; et la pensée raconte.

Il existe un point fabuleux où l'on rencontre l'événement qui rend possible tout récit. Cet événement est le vrai sujet de l'écriture : en écrivant toute la journée à la bibliothèque des Oblate, juste à côté d'une fenêtre où entrait un *air favorisé de lumière*, au bout d'une longue table autour de laquelle des étudiants presque endormis révisaient leurs examens, j'entrais au bout de quelques heures dans un état de perception si aigu que les phrases, en glissant sur elles-mêmes, semblaient s'approcher d'une chose secrète et rare ; comme si, déchiffrant depuis des mois chaque inscription sur les murs de Florence, je ne faisais qu'y lire la continuelle prophétie qui m'annonçait, à travers la lumière bleutée des ciels peints et celle, plus nocturne, des lucioles, que nous étions arrivés à un moment du temps où le chaos politique et la splendeur de l'art, à force de se dévisager, étaient maintenant *à nu.*

Je me disais : cette rencontre révèle l'époque. C'est là que nous en sommes historiquement, pas seulement en Italie, mais partout : chacun, dans sa vie, fait l'expérience de la dévastation (celle-ci, maintenant, ne se déguise plus) ; et en même temps chacun fait l'expérience de ce qui reste, et s'y raccroche : un mur, une phrase, un visage nous sauvent. Les temps sont durs, mais ce qui reste est aussi ce qui fonde.

Je voyais l'Italie – et avec elle les hommes, les femmes, les animaux, les pensées, la mémoire, les gestes, le monde tout entier en déluge – descendre dans la salle de BUNGA BUNGA, être absorbés, avalés, digérés. Peu importe Berlusconi, peu importent ses successeurs, peu importent les politiciens, me disais-je : c'était *quelqu'un d'autre* qui, confortablement installé dans son fauteuil au sous-sol de la villa d'Arcore, regardait les choses mourir. Ce *quelqu'un d'autre* souriait, il ne faisait que cela : sourire, avec un rictus de jouissance – car le monde qui s'écrase sur lui-même fait jouir les démons. Le monde qui se défigure répond au désir des infernaux. Le monde qui se rabougrit dans sa flaque comble le diable.

En écrivant, je m'engouffrais dans une nervure que les phrases dépliaient, et qui me semblait aussi décisive que le « passage aventureux » que découvre Perceval, dans le *Conte du Graal.* Depuis cette nervure, j'entrevoyais au loin la salle des Mystères. La lumière clignotait – il me semblait que l'indemne était à portée de main. Mais une fois sur deux, c'était une autre image qui apparaissait, rouge, grimaçante, comme dans un film de David Lynch.

Que signifie un tel clignotement ? Le langage vous donne la direction heureuse, il indique une voie sauve ; et en même temps, il fait surgir les soubassements, il éclaire l'enfer.

À chaque fois qu'on est lancé dans l'écriture d'un livre, on est porté par une faveur ; on est dans un lieu qui lui-même porte un lieu qui s'ouvre. L'étrange savoir qui vient de ces contrées ne se mesure pas. La clarté rend présent ; la présence est incalculable.

Cette fois-ci, ça résistait. Je guettais ce moment où, à force d'écrire, l'obstacle se change en talisman – mais ça ne venait pas. Ce n'était pas seulement les phrases qui avaient du mal, ni même le mur qui était difficile à percer. Il y avait autre chose : j'étais face à une interdiction, comme si un sortilège protégeait l'accès aux Renards pâles, ce groupe insurrectionnel auquel j'avais donné le nom d'un dieu des Dogon du Mali.

J'avais continué à croiser, depuis un an, le jeune Sénégalais qui m'avait abordé le premier jour devant le palais des Médicis. Il s'appelait Issa, qui est le nom arabe de Jésus. Il errait toute la journée dans le quartier de San Niccolò. Ces ruelles obscures, le long des vieilles murailles de la ville, c'était son territoire. Il se postait l'après-midi, avec son carton de mouchoirs et de briquets, devant le café-restaurant In Bocca al Lupo, qui jouxte la porte de la ville. On est à l'ombre des murailles, il y a une terrasse avec des citronniers, des petites tables blanches, une treille, de la fraîcheur ; c'est déjà les collines ; et plus haut encore, un escalier mène à l'église de San Miniato : le long du mur, des vers de Dante scandent la montée.

Je venais lire et fumer sous la treille ; Issa buvait cet après-midi-là un café avec moi. Il était épuisé ; il n'avait pas de nouvelles de ses cousins qui auraient dû aborder à Lampedusa : leur portable ne répondait pas. Des centaines de migrants périssaient en mer ; lui-même était passé par là, mais il n'en parlait pas. La première fois que j'avais prononcé le nom de Lampedusa devant lui, il avait eu une réaction de frayeur, comme si j'invoquais un démon : « Moi, je sais nager », c'est tout ce qu'il avait dit.

Au départ, il voulait tenter sa chance à Paris, mais depuis deux ans il errait l'été sur les plages de Toscane à vendre de faux sacs Vuitton et Prada, et le reste de l'année dans le centre de Florence. « C'est à cause des empreintes digitales », disait-il : on avait enregistré les siennes à son arrivée en Italie, alors il n'était plus possible de demander l'asile dans un autre pays ; s'il tentait de passer la frontière, on le ramènerait toujours ici.

On était en avril, le ciel était d'un bleu intense et sec. Issa me demanda si mon roman allait bien ; je répondis que ça ne marchait pas du tout. Je lui racontai comment j'avais imaginé d'armer, à Paris, un groupe de sans-papiers maliens, en les dotant de masques et de l'esprit sacré des Dogon. Ce que racontait le livre, c'était un acte d'anarchie poétique ; un tel acte n'était pas sans conséquence : on ne raconte pas impunément un soulèvement, on ne convoque pas impunément les esprits. J'étais entré dans une zone à risque, et je me retrouvais bloqué.

Issa m'avait écouté avec attention. Selon lui, si je n'arrivais pas à raconter cette histoire, c'est que je n'en avais tout simplement pas le droit : un Blanc ne pouvait prétendre au savoir des initiés du Mali ; il fallait que les esprits dogon me reconnaissent ; et pour cela, il me fallait un passe, une autorisation, faute de quoi je resterais à la porte.

Issa me dévisagea : « Tu es protégé ? »

Il me semblait que oui : mes protections habituelles étaient occidentales – j'avais des dieux français, italiens, allemands.

« Comment s'appellent tes dieux ?

— Chrétien de Troyes, Dante, Kafka.

— Ils t'aident bien ?

— Aussi bien que Allah. »

Issa se mit à rire.

« Ce sont de très bons dieux, dis-je, mais ils n'entendent pas les sorciers maliens, et les sorciers maliens ne les entendent pas.

— Alors, tu dois trouver un esprit qui te présentera au Renard pâle sans être bouffé. »

Selon Issa, si je ne trouvais pas de passeur, je devais l'inventer : c'était à moi de me fabriquer un accès. Tu écris de la fiction, me dit-il, alors imagine ton messager. Le Renard pâle ne t'accueillera peut-être pas, mais au moins, grâce à ce messager, il sera au courant de ton existence. Sans un passeur, me dit Issa, il était dangereux pour moi de continuer : « On ne joue pas avec les choses du feu », dit-il.

Cet après-midi-là, je franchis la vieille porte, grimpai les marches de la via del Monte alle Croci en direction de l'église San Miniato et me promenai sur les hauteurs, parmi les vergers et les chemins de pierre.

Parmi les inscriptions, le long de l'escalier, il y avait ces trois vers de Dante que je me répétais, allongé sous un pommier :

« Ma io veggi' or la tua mente ristretta
di pensiero in pensier dentro ad un nodo,
del qual con gran disio solver s'aspetta. »

(Mais je vois à présent ton esprit resserré
de pensée en pensée, en un seul nœud
dont il attend, en grand désir, d'être délié.)

Je me suis souvenu que parmi les *invisibles français*, dans cette langue sacrificielle, tumultueuse, déicide – Dieu en la personne du roi décapité en 1793 n'a-t-il pas été *tué en français* ? –, il y avait une sorte d'équivalent du Renard pâle africain, un esprit qui récusait l'autorité, un animal incontrôlable qui brouillait les traces et troublait le royaume.

D'un coup, là-haut, sur les hauteurs de Florence, j'ai crié :

« RENART ! *Le roman de Renart* ! »

C'était lui. Lui seul, avec sa ruse – avec son *mauvais esprit* –, avait la clef pour approcher les sombres desseins de son cousin dogon. Peut-être même saurait-il endurer sa magie : Renart n'appartenait-il pas aux *malins* ? N'était-il pas, comme le Renard pâle, labyrinthique et tortueux ?

Et puis, en ce sens, Renart était mon saint patron : n'était-il pas le premier personnage de la littérature française ? – celui qui, dès l'origine, imprime à celle-ci un tour oblique et démoniaque ?

Je me disais : depuis Renart, les phrases sont habillées d'un pelage roux ; leurs plis sont miroitants, comme ceux d'un masque.

Voilà : masque contre masque, c'était jouable. Maintenant, sous le nom de Renart, je pouvais m'adresser aux Dogon et, peut-être, devenir un renard pâle.

14

Arrivée de la nymphe

« Elle est descendue par
l'échelle dans la salle des mystères. »

ABY WARBURG

C'est alors qu'ils ont déferlé. Ça n'arrêtait
pas. Ils venaient me tourmenter, me charmer. Je
dis « ils », mais la plupart du temps c'étaient des
femmes, des voix féminines, des déesses.

Où sont les esprits en Italie ? Quel crime ont
commis les Italiens pour ainsi endurer leur
chute ? Ont-ils outragé leurs « dieux » ? Ont-ils
oublié de les honorer pour être à ce point punis ?
Quelque chose de terrible rôde entre les silhouettes ; on persiste à croire que l'économie
politique structure les rapports humains, mais
elle les contrôle depuis un lieu qui hante ses
mécanismes – depuis ce gouffre au-dessus duquel
elle nous suspend. La ruine ne se limite pas aux
agissements de la finance – elle vient de plus loin
(le pire déborde toujours ses propres dégâts).

Les journées à Florence étaient lentes. Barbara lisait sur la terrasse, face aux collines. Elle envoyait son CV partout, sans réponse. À cette époque, je faisais toujours le même rêve : une écuyère est assise sur une chaise, dans un cirque, elle attend un cheval. On lui dit : *les chevaux n'existent plus*. Elle sourit avec patience, se lève de sa chaise et monte sur un cheval invisible, en équilibre sur un pied, bras tendus, comme si elle dansait sur le dos d'une monture de manège. Elle dit : *les chevaux existent quand même*.

L'écuyère avait le visage de Barbara. Je la rejoignais sur la terrasse, vers dix-huit heures, avec deux verres de vin. Nous regardions l'olivier prendre la lumière ; il me semblait parfois que nous étions isolés à la proue d'une arche, tous les deux tranquilles au cœur d'un déluge.

Je continuais chaque matin à écrire mon roman, l'air de rien, à la bibliothèque des Oblate, mais j'étais atteint – *attaqué*. Était-ce parce que la parole que je cherche est étrangère, et parce que seule cette étrangeté – le tourment de cette étrangeté – me stimule ? J'ai toujours mené une partie avec les esprits ; mais l'Italie agissait sur moi avec une vigueur inconnue : elle réveillait une lutte ancienne. Qui peut se prétendre délivré des démons ? Malgré la lumière, malgré la douceur de Barbara, malgré le Baptistère, certains jours je ne me reconnaissais plus dans ma propre chambre. *Je ratais la délivrance.* Je voyais des mâchoires qui se fermaient, un sentier qui traverse l'enfer, des fauves qui déchiquettent une tapisserie. Je me voyais en train d'avaler une rose noire.

On m'invita, en juin, à parler de Georges Bataille. C'était au Centre Georges-Pompidou, à Paris, pour le cinquantenaire de sa mort. J'avais préparé cette intervention dans la fièvre ; mes notes étaient confuses. Je trouvais déplaisante la respectabilité qui enrobe aujourd'hui son nom. Une telle pensée *ne peut pas* devenir respectable, elle se dérobe à la domestication – Bataille lui-même rirait de nos éloges. Je voulais parler de la solitude de cette œuvre, de la solitude de la littérature.

J'attendais l'avion pour Orly à l'aéroport de Pise. On annonça plusieurs heures de retard – d'abord trois, puis sept. Le temps était splendide. Sur le ciel bleu se découpaient les silhouettes enneigées des Alpes italiennes. Je me disais : sept heures de retard, finalement, c'est une chance : voici du temps.

Il y a, face à l'aéroport, une longue pelouse bordée de cyprès où je m'allongeai parmi les étudiants à sac à dos, les couples enlacés, les familles qui mangent. J'oubliai l'horreur politique et sortis de mon sac de quoi écrire.

Est-ce la vue des neiges étincelantes ? Je décidai de déchirer mes notes et de raconter, sous la forme d'un récit, comment le nom de Georges Bataille m'avait été transmis, il y a plus de vingt-cinq ans.

J'étais alors étudiant en lettres, à Nantes. Un soir, je rentre un peu ivre dans ma chambre, qui est située dans le quartier de la cathédrale. Je traverse la place Louis-XVI, et en longeant une petite église, près du jardin des Plantes, j'entends une voix de femme.

Je cherche autour de moi, la rue est vide, il fait nuit, il n'y a personne. La voix insiste, je lève la tête vers l'église. J'aperçois un visage, très blanc, une main qui fait signe : « Sortez-moi d'ici ! »

Je ne comprends pas où se tient cette femme – un balcon, peut-être. On dirait qu'elle est en l'air. Dans mon ivresse, je pense à ces mots en riant : « Elle est en l'air, elle s'est envoyée en l'air. »

Elle me supplie de l'aider, je vais frapper bêtement au portail de l'église. Pas de réponse. Je décide de tourner autour de l'église, et trouve une petite maison où je sonne.

Un curé sort, en soutane, il n'a pas l'air surpris : « Que voulez-vous, mon enfant ? »

Je me sens de plus en plus ivre. J'essaie de me contrôler, je lui indique qu'une femme est prisonnière de l'église. Le curé me répond d'un air réjoui qu'elles sont des milliers, peut-être des millions, à être prisonnières de l'Église ; selon lui, il n'y a pas de plus belle prison.

Peut-être a-t-il remarqué que je titube, mais il semble faire bon accueil à mon excentricité. Il sourit. J'insiste, j'explique tant bien que mal, en levant le doigt vers le ciel : « Il y a une femme là-haut. » Et lui, comme un psychanalyste, me dit, en laissant traîner sa voix : « *Oui ?* »

Bref, il finit lui aussi par entendre la fille, il

sort dans la rue, lève la tête vers l'église : « Je vais chercher la clef », dit-il.

J'attends seul dans la rue ; la jeune femme, qui, d'en haut, a assisté à la scène, crie : « Où est parti le cureton ? » Je réponds qu'il va revenir, et à force de lever la tête pour la voir, je suis pris de vertige, je tombe à la renverse.

Le curé revient, me voit dans le caniveau, tandis que la fille hurle au balcon : « Saleté, ouvre-moi ! »

L'espace d'un instant, j'entrevois le malentendu : le curé me croit de mèche avec la fille, il pense qu'on se joue de lui.

« Est-ce bien raisonnable ? » me dit-il, tandis que je me relève.

Il ouvre l'église.

Quelques minutes plus tard, la fille sort en courant, les cheveux en furie, et s'éloigne sans un mot. Le curé arrive à son tour. Je n'ai pas bougé, je le remercie. Il me dit en haussant les épaules, désignant la fille :

« Je ne vous la conseille pas. »

Je reprends ma route en direction de ma chambre, un peu dégrisé.

Plus loin, à un croisement de rue, la fille me tombe littéralement dessus : elle s'empare de ma main et y glisse un objet. Elle referme ma main sur cet objet, et la porte à ses lèvres, pour y déposer un baiser. Puis s'éclipse à nouveau en courant.

J'ai eu à peine le temps de voir le visage de la jeune femme, d'une beauté cinglante, et peut-être cinglée.

Je regarde ce que j'ai en main. C'est un livre de poche à la couverture bleue : Georges Bataille, *Madame Edwarda, Le Mort, Histoire de l'œil.*

J'ai tracé fébrilement ce récit, puis me suis étendu dans l'herbe en fermant les yeux. Cette scène est presque trop belle pour être vraie, me disais-je, et pourtant elle est vraie, comme l'excès même de la beauté. Tous mes amis la connaissent. Je n'ai jamais revu la jeune femme – à moins qu'à partir de ce jour je n'aie plus vu qu'elle.

En un sens, la littérature m'a été *donnée* par une femme qui a tué Dieu en elle ; et il me semble qu'écrire des livres est une manière d'être fidèle à l'intensité d'un tel moment, de maintenir dans ma vie le geste d'une femme véhémente, et de garder mon existence ouverte à la possibilité permanente d'une telle irruption.

La littérature est le contraire de la sagesse : un langage assagi est un langage déclinant, servile.

Je désire plus que tout, en écrivant, et parce que le nom de Georges Bataille m'accompagne constamment, *m'éloigner de ce qui rassure.* Je désire être fidèle à ce qui fait tituber, à ce qui tourne la tête, à ce qui est renversant. C'est ma politique.

Je m'étais assoupi. Le soleil était lourd, j'étais en sueur, hébété. Une femme était penchée sur moi, elle voulait du feu. Elle était blonde, la peau très blanche, laiteuse, une quarantaine d'années ; elle parlait italien avec un accent américain, puis se mit à me parler dans un français impeccable ; elle était extraordinairement fardée, sa bouche flottait sur son visage, comme si elle était refaite (je compris peu à peu que cette femme était entièrement *refaite*).

Étais-je mal réveillé ? Cette femme suscitait en moi un malaise. J'étais perdu depuis quelques mois au milieu des démons, qui ne cessaient de *remonter à la surface* ; et même si je les subissais, au fond ils m'étaient bénéfiques : ce drôle de roman que j'étais en train d'écrire impliquait que je baigne dans un élément équivoque.

J'étais donc dans la main des esprits, et je me demandais si cette femme était une apparition propice ou néfaste : une bacchante infernale ou l'une des incarnations miraculeuses de la *ragazza indicibile*, celle qui revient des enfers « pour vous le dire », et dont le savoir sur les ténèbres relève de l'indemne.

J'étais en tout cas sûr d'une chose : elle n'était pas penchée sur moi par hasard – *on me l'avait envoyée.*

Avec sa robe rouge et son décolleté pulpeux, ses escarpins qu'elle avait jetés dans l'herbe et sa blondeur platine, elle me faisait penser à une Marilyn Monroe déjantée : nous étions dans la prairie des *Misfits*, et elle allait se mettre à danser autour du pommier.

Elle me dit justement qu'elle était actrice, mais qu'elle tournait rarement, sauf dans des « films de fous » ; elle habitait Paris, rue Stendhal, et passait beaucoup de temps en Italie parce qu'elle

était amoureuse de deux types : des « sales types »,
me dit-elle, l'un habite à Pise, l'autre à Florence,
elle ne pouvait s'empêcher de les aimer alors
qu'elle savait qu'ils étaient homosexuels, peut-
être même se connaissaient-ils et couchaient-ils
ensemble.

Elle me questionna avec brusquerie ; j'étais
vague, réticent, ce qui la fit rire. Elle me dit : « Je
suis noble et paumée, et toi ? » Je crois aussi
qu'elle se définit comme une « geisha mentale ».

Il restait encore quatre heures à attendre.
J'allai chercher des pizzas, des bières, puis on se
mit à boire de la vodka (elle avait sur elle une
flasque, qu'il fallait de toute façon finir parce que
ça ne passerait pas à la douane).

Elle s'empara des feuillets que j'avais écrits à
propos de Bataille, et les lut avec application. Je
remarquai alors qu'elle portait de faux ongles
rouges ; elle se pelotonna contre moi pour lire,
comme une enfant ; son corps était bouillant.

J'arrive maintenant à repérer les nymphes.
Même dans un bouge, à quatre heures du matin,
maquillées en filles perdues, l'œil allumé par une
ivresse qui grimace, *enluminées comme les dix mois
de la nuit rouge*, elles me font signe. Quelquefois
je vais à leur rencontre, mais la plupart du temps
je les évite.

« Cette fille, c'est moi », dit-elle, en me rendant
les feuillets.

Il y avait, au-dessus de l'aéroport, une immense
publicité pour du jambon. Un type avec un
tablier à carreaux rouges et blancs tenait un cou-

teau qui m'apparut démesuré. La lame du couteau m'aveuglait. Qui en réalité tient le couteau ? Ce qu'ont à dire les messagères est simple : viens avec moi.

Elle s'était mise à danser pieds nus dans l'herbe. C'était la « déesse païenne en exil » dont parle Aby Warburg – celle qui hante la peinture du Quattrocento et n'en finit pas de faire revenir le feu antique à travers les gestes des demoiselles florentines ; je l'avais vue le premier jour sculptée sur la porte du Paradis : son corps ondoyant relevait à la fois de l'annonciation masquée et d'une invitation à la débauche.

J'avance vers une frontière. Peut-on discerner une telle ligne ? Il est absurde de vouloir rester intact lorsqu'on se voue aux récits, aux phrases, à cette substance fatale dont la littérature est faite. Pourquoi faudrait-il échapper à la sorcellerie ? Les esprits qui se croient modernes désirent à tout prix n'être pas dupes, mais le véritable enchantement n'est jamais servile : être capable d'aimer, c'est l'unique objet.

Il n'existe pas de littérature sans offrande aux esprits, c'est-à-dire sans que le bruit étouffé d'une mise à mort ne libère une flaque de sang. Rien n'a lieu sans les démons ; et peut-être n'écrit-on de bonnes phrases que si l'on a trouvé avec eux un bon rapport.

Il ne restait plus qu'une heure, l'avion était maintenant annoncé, je me préparai pour aller à l'embarquement. La nymphe enfila ses escarpins, rassembla ses affaires, des gouttes de sueur perlaient sur sa poitrine.

« On va baiser maintenant », dit-elle.

J'éclatai d'un rire qui brisa le charme. Il me sembla que les collines riaient aussi. Des étincelles crépitaient sur mes feuillets. Oui, la neige étincelle : le monde éclate en poussière glacée. Quel plaisir.

15

Approche de la fissure

(Une sainteté)

La chronologie de mon séjour en Italie est embrouillée : elle répond à l'abondance. La vie la plus ouverte vous destine à la dispersion ; elle multiplie ses attraits. Il y avait chaque jour, à Florence, à Prato – la ville voisine –, ainsi qu'à Bologne où j'allais en train en une demi-heure, des œuvres d'art à voir et à revoir ; chaque jour des inflexions de promenades, chaque jour un détail de clartés, une arrivée de lumière, un déploiement de perspective.

Je voulais tout vivre à la fois : celui qui multiplie les expériences échappe à ses limites. Un emploi du temps entièrement extatique permettrait-il de se soustraire à ce marché qu'est devenue la société ? Si l'on parvenait à vivre dans la dimension unique de l'extase, sans doute passerait-on entre les mailles du filet, et serait-on résorbé dans l'éclat invisible de sa jouissance.

Roberto, le patron du café Rubiglio, se moquait gentiment de moi lorsque je lui racontais mes joies artistiques en employant le mot « *estasi* » :

« Credi di essere un santo ? » (Tu te prends pour un saint ?)

Je lui répondis que celui qui tient à ignorer l'extase est un être incomplet dont la pensée est réduite à l'analyse.

« Non sei che uno stronzo di francese completamente esaltato », me dit-il en riant. (J'étais décidément un *foutu illuminé de Français*.)

Mais Roberto avait raison : sans doute faudrait-il être un saint pour sortir du capitalisme. À une époque où la société n'a plus de dehors, où elle englobe ce qui la menace et contrôle ce qui la déborde, où elle a pris la place même du débordement, où elle vampirise inlassablement chacun de nous et ronge jusqu'au plus intime de nos vies, de nos pensées, de notre érotisme, seule la sainteté serait capable d'avoir accès à la *grande solitude* et d'éclairer ce territoire miraculeux où l'on se tient de soi-même – où l'idée même de conditionnement échoue.

Je me disais : les extases sont l'excès même de la raison qu'elles défient.

Un saint à l'époque du capitalisme intégré est quelqu'un qui se consacre à ce point fou où la gratuité est préférable à l'argent.

Ce point fou éclaire la raison.

En un sens, il est sa vérité.

Qui fréquente le point fou ? Il est la parole dans la parole, la solitude dans la solitude. Parfois des amoureux, des artistes, des écrivains y convergent.

Vers le mois d'avril 2012, je retournai voir saint François. Je traversai de nouveau les petites routes de campagne, les vallons plantés d'oliviers et de cyprès. À la radio, on n'en finissait plus de commenter le retour aux affaires de Berlusconi, sa semi-victoire après deux mois d'hystérie sans gouvernement. Quelqu'un dit que nous vivions une nouvelle époque de la mort du politique ; et que la paralysie qui affectait l'Italie n'était qu'une métamorphose dans le cours ininterrompu de la corruption.

La route grimpe à travers la roche : on entre alors dans le parc naturel forestier de la Verna ; de grands hêtres s'élèvent, tout devient abrupt, on sinue le long des falaises. Au volant de la voiture, je répétais à voix haute cette phrase que je venais d'entendre : « *La politica italiana non è soltanto malata, è morta : è la morte viva* » (La politique italienne n'est pas seulement malade, elle est morte : c'est la mort en vie.)

Au sommet, à un peu plus de mille mètres d'altitude, s'ouvre le sanctuaire : c'est la « montagne des Stigmates », comme l'annonce une pancarte. Je garai la voiture sur un petit parking, à l'entrée duquel se dresse une statue de François qui demande à un enfant de laisser s'envoler les tourterelles qu'il allait vendre.

J'empruntai le chemin creusé dans la pierre, qui mène vers la solitude de l'ermitage. Ce chemin, ces grands hêtres, ces falaises, Ghirlandaio les a peints pour la chapelle Sassetti, à Florence. Tout en haut, encastrés au fil des siècles autour des lieux où saint François séjourna, il y a une basilique, un campanile, un couvent, une série de cloîtres, une petite église et de multiples chapelles qui forment un ensemble voué à la méditation.

Voilà : une grande place entourée d'un parapet de pierre donne à pic sur la vallée du Casentino ; à l'horizon se dessine la chaîne des Apennins qui approfondit le ciel. La lumière enveloppe les pierres, elle se soulève comme un rocher qui se tiendrait lui-même dans sa masse d'air. Le temps se déploie ici depuis des siècles de révélation tranquille, autour d'une grande croix en bois plantée dans le rocher.

Tandis que je me dirige vers la chapelle des Stigmates, les cloches retentissent, un chant s'élève, une dizaine de franciscains s'avancent en procession le long du corridor : ils sont revêtus d'une robe brun foncé, d'un capuchon, d'une ceinture de corde et de sandales ; leurs visages sont jeunes, certains sourient en observant les visiteurs qui s'écartent sur leur passage : le recueillement n'est pas le contraire de la joie.

Cette apparition des franciscains en plein après-midi fait basculer le temps : leur jeunesse est actuelle, et pourtant ils semblent venir de loin, comme si leur communauté n'appartenait pas à votre présent, mais à l'histoire de l'être – comme si, depuis le XIIIe siècle, ils ne cessaient de veiller sur une autre temporalité : ce mystère qui les accorde à la profondeur inapparente du sacré.

En poussant la porte des chapelles que les franciscains ont élevées sur chaque emplacement où leur fondateur a prié – chapelle des Oiseaux, chapelle de la Croix, chapelle Saint-Pierre d'Alcantara où François avait construit sa première cellule –; en découvrant peu à peu cette circulation de grottes, de rochers, d'oratoires et d'autels qui forment un mémorial et un parcours spirituel, on entre peu à peu dans cette solitude franciscaine qui, en se dégageant des conditionnements de la société, fonde un espace libre pour l'arrivée du temps.

Me voici convié, que je le veuille ou non, à partager ce que Rimbaud appelle une « immense opulence inquestionnable ». Le calme ne relève pas seulement de l'interruption, il nous destine à une faveur dont la nature semble énigmatique. Qu'est-ce qui change un instant en séjour ? Qu'y a-t-il au cœur du libre ? Je passe d'une chapelle à une autre, je prends un escalier bas et étroit qui descend dans la roche, je me courbe pour entrer dans les petites cellules. Et voici de nouveau la lumière, toute la vallée s'ouvre : je me retrouve sur un rocher, à l'extérieur de l'ermitage, une balustrade protège du précipice.

C'est là que le diable a tenté de pousser François dans le vide. Les *Fioretti* – ce recueil, écrit en italien, qui rassemble, un siècle après la mort de saint François, de petits récits édifiants – racontent qu'à cet instant où le diable, comme il l'avait fait avec le Christ, pressa

François de sauter et commença à l'empoigner, le rocher se creusa suivant la forme de son corps et le recueillit, « comme s'il avait mis les mains et le visage dans une cire liquide ».

Le diable n'est pas un personnage secondaire du légendaire catholique : on est aux prises avec lui à chaque instant. C'est sa présence incessante qui fait entendre la nature du combat spirituel et donne à la vie du saint son caractère de destin conjuratoire. Car ce qui est en jeu dans l'histoire du salut – dans l'appel qui vous retranche –, c'est le rapport avec l'infernalité : est-il possible d'y échapper ? Existe-t-il un lieu en vous qui soit capable de se soustraire au démon ? Ce lieu plus fort que la damnation, son contraire exact – l'*indemne* –, c'est lui qu'à ma manière, erratique, contradictoire, je cherche.

Personne n'est immunisé contre le diable, mais la part d'indemne en chacun, aussi minime soit-elle, est ce qui le sauve : c'est elle qui, en résistant à ce qui vous détruit, ouvre un abri pour le passage du sacré – trouve une place libre pour son feu. Et c'est précisément de ce *feu de l'indemne* qu'il est question dans l'expérience des stigmates, autour de laquelle la communauté franciscaine, aujourd'hui encore, se rassemble, pour en témoigner.

François s'est retiré ici, à la Verna, en 1224, deux ans avant sa mort. Il est affaibli par la maladie, fatigué par les dissensions qui affectent son ordre, qu'il n'aura cessé jusqu'au bout de réorganiser et dont il récrira maintes fois la règle, afin de l'adapter aux rigueurs de l'idéal de pauvreté qui l'habite et aux exigences de la curie romaine, qui voit la réalisation intégrale de l'Évangile comme un scandale – un défi à son pouvoir temporel.

Dans la vie de François, le séjour à la Verna relève d'une décision de solitude. Car seul, il l'a rarement été : la solitude ne s'accorde pas avec le règlement de la communauté. « Celui qui vit seul, même s'il peut éventuellement recevoir la grâce, il la rend inutile par son désœuvrement, et c'est comme s'il l'ensevelissait en lui », lit-on dans la règle de saint Basile.

Se retirer dans la vie solitaire relève du désœuvrement ; au contraire, depuis sa rupture avec son père marchand et l'entrée dans l'absolue pauvreté, depuis ses premières illuminations jusqu'à cette retraite à la Verna, François n'a cessé d'œuvrer : prédication itinérante, soins aux lépreux, travaux manuels, réparations d'églises – ce sont vingt années d'activité qui le voient traverser l'Italie en tous sens, s'embarquer plusieurs fois pour la Terre sainte, accompagner les croisés (on dit qu'il fut écœuré par leur comportement sanguinaire), et aller prêcher aux Infidèles (jusqu'en Égypte, où il rencontra le sultan Malik al-Kamil).

On est donc loin de l'imagerie édulcorée d'un François d'Assise retiré dans la suavité contemplative d'une vie d'ermite : son existence est fondée sur une extase combative, qui connaît le déchirement des conflits et ne répugne pas à traverser ce qui lui porte atteinte. François ne s'est pas préservé loin du monde, comme il est de mise dans le clergé ; son endurance relève de l'épreuve continuelle des rencontres.

Je crois qu'il faut repenser l'épisode célèbre de la prédication aux oiseaux : on l'interprète trop vite comme le geste poétique d'un fou sacré postulant la fraternité universelle ; il semble que s'y joue aussi une rupture avec les catégories de l'humanisme, lesquelles excluent les créatures animales : François, de retour de Rome où il a été mal accueilli, met en scène, d'une manière sans doute polémique, le fait qu'il est plus facile de parler aux oiseaux qu'aux hommes ; et c'est dans ce sens que Giotto représente l'événement : la peinture qu'on voit au Louvre (*Saint François prêchant aux oiseaux*) ne fixe pas une illumination, mais la gravité paisible d'un acte politique.

On sait que c'est ici, dans cette montagne couverte de bois, sur une pointe de la falaise, que François est *devenu limpide* – désert et source à la fois.

C'est ici qu'il a connu le ravissement absolu : un séraphin lui apparaît, il a un visage d'homme, il est crucifié. François ressent une douleur et une joie qui à la fois déchirent son corps et embrasent son âme. Quand le séraphin disparaît, il constate sur son corps des blessures qui répètent celles du Christ : ses mains et ses pieds sont percés, une plaie saigne sur son côté. Ces stigmates le rendent semblable à Jésus : l'Évangile s'est écrit sur le corps de François en lettres de sang, il s'est incorporé à lui.

Je tourne autour du lieu, ou plutôt c'est lui qui tourne : son étendue est sans fin. Le monde visible est un trait imperceptible dans l'infini qu'une telle expérience met en flammes. La vérité selon François possède l'immensité de l'abîme. La merveille vous brûle par son défi. Votre raison recule ? Une pensée de Pascal vous aide, elle franchit le pont : « Pour faire d'un homme un saint, il faut bien que ce soit la grâce. »

C'est ici, tout au bout de l'ermitage, sur un terre-plein rocheux, qu'a eu lieu l'événement mystique qui fait de François l'*alter christus*. Une plaque indique l'endroit où il a vécu ce ravissement, mais sa localisation semble dérisoire : comment ce point pourrait-il exister dans l'espace ? Une extase ne peut se réduire aux coordonnées de la raison : elle se répand dans le temps et déborde tous les lieux.

Je reviens sur mes pas et regarde, exposée dans le corridor, la reproduction d'un parchemin autographe de François : la bénédiction à frère Léon, signée d'un *tau*. Cette lettre grecque a la forme d'une croix. En signant d'une telle lettre – en substituant la croix à son nom –, François manifeste à quel point il est *devenu* la parole du Christ ; et combien le devenir-parole est l'incarnation du sacré.

Il est dix-sept heures. Le vent s'est levé, la fraîcheur enveloppe la basilique. Les groupes scolaires sont partis. Les pèlerins sont rassemblés pour une prière. Ils sont agenouillés sur les stalles. Je suis entré par la travée de gauche et contemple une annonciation d'Andrea della Robbia, accrochée là, sous le baldaquin en pierre d'une chapelle. Un silence heureux creuse les formes blanches et bleues de la Vierge et de l'ange. Leurs volumes appartiennent à une contrée sereine, épargnée par la fureur, où le mystère de la parole se répète comme un horizon qui ne cesse de revenir au lieu de son repos.

Comment se tenir dans la vérité d'une telle présence ? J'essaie de comprendre. L'espace, le volume, le mouvement se concentrent en un point qui tourne sur lui-même. Une telle pensivité ouvre à un amour infini, c'est une image de l'indemne. Voilà : l'indemne est une étendue de pensée bleue et blanche – le contraire de l'enfer. Et précisément, l'enfer se définit comme le lieu où l'amour n'existe pas. En enfer, on n'aime pas ; ainsi l'indemne est-il un visage de l'amour.

Je suis descendu par un escalier vers le Sasso Spico, ce gouffre humide qui s'ouvre dans le bloc des rochers. Je me glisse à travers un passage étroit qui fend la montagne en deux, je pénètre à l'intérieur de la grotte. Ici, l'abîme est aussi un refuge : l'équilibre des roches appuyées les unes sur les autres forme une *percée de vide*. Une telle percée relève-t-elle du « lieu » – c'est-à-dire de cet abîme qui accueille la divinité ?

Les premières pages des *Confessions* de saint Augustin me reviennent : elles interrogent précisément l'énigme du lieu divin. Augustin demande : « Y a-t-il quelque lieu en moi où puisse venir mon Dieu ? » Il ajoute : « Où vous prié-je donc de venir quand je vous invoque, puisqu'il est constant que je suis en vous ? »

S'il existe en vous un lieu pour accueillir Dieu, il est déjà compris en lui. Quel est ce point où il est possible en même temps d'accueillir et d'être accueilli ? Un tel enroulement du lieu sur lui-même suscite une topologie paradoxale : le vide et le plein, en s'ouvrant l'un à l'autre, y récusent la logique.

Tout au fond du Sasso Spico, la lumière passe : lorsqu'on lève les yeux, on aperçoit au-dessus des roches couvertes de mousse l'arc d'un petit pont qui soutient le corridor menant aux Stigmates. À l'époque de François, un tronc d'arbre enjambait l'abîme, passant d'un rocher à l'autre. Je comprends alors que l'ermitage est fondé tout entier sur une pierre fendue : son lieu s'établit mystiquement sur sa propre entaille.

Saint François s'émerveillait de ces grottes et anfractuosités : à ses yeux, elles rendaient présentes les plaies et blessures du Christ au creux desquelles il se réfugiait pour y vivre la Passion.

Je suis sorti de la grotte et m'assieds sur un

banc, entre les roches. Le calme donne forme à la pensée – ou est-ce la pensée qui accueille le calme ? Quelque chose se retire sans se cacher, en pleine lumière : l'instant s'offre comme source.

Ce paysage de trous, de fissures, cet espace de la béance ne parlent que du vide : ils en offrent une approche vivante. La Verna se déploie ainsi comme un espace idéal pour une pensée de la pauvreté. Car se tenir vide de toute chose, c'est cela la pauvreté, celle que saint François appelait sa « Dame ».

Il y a un sermon de Maître Eckhart consacré à la « pauvreté en esprit » ; il y médite la parole de Jésus recueillie par Matthieu : « Heureux les pauvres en esprit, car le royaume du ciel est à eux. » C'est par cette pauvreté qui est un abîme – à travers le néant où l'on n'*est* plus, à travers une disponibilité que le néant ouvre en nous – qu'on se dégage des conditions faciles, que s'anéantit en nous toute condition, même la condition humaine ; et qu'en se tenant dans ce « libre rien », on s'accorde à une expérience où le feu qui nous perce nous offre enfin d'*être*, c'est-à-dire de recevoir la béatitude.

Dans la règle de 1221, François écrit : « Nous ne devons pas accorder plus d'utilité à l'argent et aux pièces de monnaie qu'à des cailloux. » Il est amusant de voir que Jacques Le Goff, après avoir cité cette phrase dans son *Saint François d'Assise*, qualifie le franciscanisme de « réactionnaire » et

s'écrie : « N'est-ce pas une dangereuse sottise ? »
Beau symptôme : on voit que la surdité au mes-
sage évangélique mène à l'égarement. Car la
pauvreté volontaire des franciscains ne relève
pas de la sottise, mais au contraire d'une espérance, c'est-à-dire d'une alternative spirituelle et
politique ; elle déjoue – conjure – le danger qui,
dès le XIIIe siècle, commence d'arraisonner le
monde occidental dans la logique unique du calcul.

Est-il possible d'exister en dehors de la comp-
tabilité ? Au fond, il n'y a pas d'autre question
politique. La réponse franciscaine plaide pour
une gloire du minoritaire : sortir du discours
capitaliste, c'est tendre vers le saint.

Saint François d'Assise aimait se comparer à
une « petite poule noire » : celle que le poulailler
sacrifie. Celle qui est à l'écart, ne fait pas nombre,
accuse le clivage. L'économie monétaire qui se
met en place à l'époque de François est fondée
sur un sacrifice : dès l'origine, les pauvres en
incarnent le *reste* – les « balayures du monde,
le rebut de tous les hommes », comme disent les
Écritures. Ce *reste* du sacrifice, François en accen-
tue la gloire.

La solitude franciscaine se propose comme
expérience qui fonde la vie en dehors de l'appro-
priation. En tant que telle, cette expérience
s'oppose au destin historique de l'économie occidentale.

Selon Giorgio Agamben, qui étudie dans *De la
très haute pauvreté* les règles de la vie des moines,

il ne s'agit pas tant, pour François, d'«appliquer une forme à la vie, mais de *vivre* selon cette forme, c'est-à-dire qu'il s'agit d'une vie qui, en suivant un exemple, se fait elle-même forme, coïncide avec elle». Cette «forme de vie» s'accomplit à rebours de la valeur d'échange sur laquelle est fondée la consommation occidentale : «elle fait usage des choses, écrit Giorgio Agamben, sans jamais se les approprier».

Le «lieu» franciscain, dont la Verna est l'un des noms, s'offre ainsi comme une expérience qui tranche avec l'accomplissement global du monde. Il met en jeu, en dehors des logiques qui structurent la société, une autre manière d'être vivant : une *autre liberté*. Le nom même de saint François ne signifie-t-il pas : le Libre ?

16

C'est du feu

Je suis seul dans une petite chambre au bord de la mer Tyrrhénienne, à Cinquale. On est en hiver, le village est désert. Certaines nuits, c'est la tempête, les vagues passent par-dessus le remblai. Il y a dix jours que je n'ai pas parlé. Les pluies d'orage sont des compagnons d'angoisse ; elles vous séquestrent dans le trou qu'elles abreuvent.

Je suis venu ici pour retrouver mon calme : ces derniers temps, l'ombre et la lumière n'avaient plus aucune différence ; elles m'apparaissaient également glacées. Dans ces moments-là, le monde visible devient du bois mort ; le démon est en train de gagner : pour remonter du souterrain, je dois m'isoler.

J'ai apporté avec moi un volume des *Œuvres complètes* de Georges Bataille, dont je continue l'étude. Les mots reculent-ils devant le trou ? L'épaisseur nocturne de l'hiver et la tempête m'enveloppent comme une taie. Je dors, je lis, je regarde la mer.

Je suis dans un petit café qui donne sur la plage ; il fait encore jour et nuit à la fois, mais ça va mieux. Si la fenêtre est ouverte et fermée *en même temps*, si les murs m'observent toujours sans que je sache les différencier du plafond, il me semble pourtant qu'en lisant je retrouve mes esprits : je « reviens en être ».

Cette expression me fait sourire. D'où vient-elle ? C'est une page que j'ai mémorisée des *Pensées* de Pascal : « Quel est plus difficile, de naître ou de ressusciter, que ce qui n'a jamais été soit, ou que ce qui a été soit encore ? Est-il plus difficile de venir en être que d'y revenir ? »

C'est exactement ça : lire me fait *revenir en être*, la lecture est une résurrection.

Qu'est-ce qui m'arrive ici, seul, face à la mer ? Que suis-je venu faire dans cet ancien village de pêcheurs ? Les plages de Toscane sont terribles l'hiver. Et moi, je suis sujet à des immobilités extravagantes : je me glisse dans un lit, je ne bouge plus pendant des jours, je noircis des cahiers. Ces temps morts relèvent du moment de folie, de la gueule de bois, mais aussi de l'extase. Il paraît qu'on appelle ça aussi une dépression. Il serait facile d'y percevoir l'étincellement de la mort, cette source blanche que chacun alimente en mourant ; ou alors cet équilibre, plus fou encore, que la mort reçoit un instant d'elle-même grâce à celui qui meurt.

Dans ces cas-là, il n'y a pas de journée nouvelle. Tout se ressemble. Tout a un poids. L'isolement anticipe le moment de la mort ; mais en récapitulant à travers son feu l'ensemble des expériences vivables, il ouvre en même temps un étrange espace libre. Qu'y a-t-il dans un tel affaissement ? L'expérience du vide donne sur la ressource : la béance appelle le dieu qui la comble.

Rester allongé à l'écart, c'est rendre son corps disponible au passage entre les hommes et les dieux. La transparence de la voix qui vient alors, et que personne n'entend, fait le pont entre le ciel et les montagnes ; elle occupe l'intervalle (ce même intervalle qui palpite entre les autres et moi).

Il existe un calme qui efface l'idée de limite ; ainsi ressemble-t-il au déchaînement dont il semble le contraire. En regardant la mer, je ne reçois aucune vérité. La transparence du repos appelle une lumière crue. J'attends que ce vide où je suis tombé me prépare à écrire – c'est-à-dire à aller plus loin encore dans le silence qui entraîne le langage.

Comment appelle-t-on cette liberté qui est obtenue par la rupture de tous les liens ? La dépression se regarde dans le miroir avec un sourire de ruse. « Est-ce toi ? » dit-elle. J'ignore à qui elle s'adresse : je souris moi aussi face à la mer.

J'écris ces notes dans le désordre. Je sais qu'elles ne mènent à aucune conclusion. La solitude, la fatigue de vivre ne sont pas des « sujets » sur lesquels on peut disserter. La pensée exige qu'on soit affecté soi-même par le feu qui l'anime ; et s'il arrive qu'on marche dans un chemin que l'angoisse nous indique, celui-ci trouve dans l'endurance des forces qui la font cesser. Il n'y a pas de lumière en enfer : on ne trouve que la chasse. Ces phrases tentent une sortie hors de la chasse.

Cette nuit, je ne dors pas. Les phrases trouvent leur place. Elles glissent les unes avec les autres, comme des plaques tectoniques. J'écris allongé dans le lit, je note tout ce qui vient, même les répétitions. D'ailleurs, les phrases semblent prises dans la répétition : elles tournent à la recherche d'elles-mêmes. Elles insistent sur certains mots qui hantent ce séjour, et dont elles espèrent qu'ils trouveront, au fur et à mesure de l'écriture, leur justesse – qu'ils ouvriront les portes.

Cette nuit, la tempête m'a empêché de dormir. Je suis sorti sur la plage. Le déchaînement remplace l'expression. Les vagues escamotent l'idée même de passion, elles visent la mort. J'étais enveloppé d'une parka, la tête protégée par une capuche fourrée ; je me sentais *déracinable* – exposé au caprice du vent. La solitude casse le moi ; une nuit glacée vous débarrasse des attaches. Voici que l'univers, en vous détachant du bavardage intime, vous rend à l'ampleur du dehors.

La nuit déchaînée frappe à la vitre. Je ne dors plus, mais un étrange bonheur s'est substitué aux fermetures. J'approfondis un point qui éclaire mes égarements (qui les comprend). Soudain, ma soif m'apparaît risible. La vie de tempête surprend, frappe et pénètre ; elle précipite les pensées, qui deviennent tout de feu. J'ai longtemps désiré une vie d'action qui éclate en événements nouveaux. Je ne me contentais de rien qui pût calmer mes ardeurs (il me semblait même que vivre sans les satisfaire n'était pas vivre). Je voyais dans le tumulte des baisers, dans la poursuite des nuits, dans le tournoiement des bras qui s'étreignent une manière de vivre qui seule s'accordait au remuement extrême de mon esprit. La réjouissance a raison : elle s'abandonne au monde illimité.

Je viens d'ouvrir le volume de Georges Bataille. Il écrit : « C'est seulement dans l'amour qui l'embrase qu'un homme est aussitôt, silencieusement, rendu à l'univers. » Bataille a raison : dans l'amour, on n'est pas aiguillonné par le manque, au contraire on est enfin comblé – on s'ouvre à l'univers. Le « trouble sentiment de totalité qui grise les amants » coïncide avec l'immensité de l'être. En un sens, le monde entier n'existe que pour l'instant de la rencontre des amants.

L'amour rejoue à chaque instant le moment de la rencontre. L'amour est tout entier jouissance de la rencontre qui rend possible son existence. L'histoire d'un amour entre deux personnes n'est que l'intensification de leur rencontre, c'est-à-dire la vie de la jouissance contenue dans l'instant initial. Le coup de foudre n'est pas seulement le début d'une histoire d'amour, il est déjà tout entier cette histoire : un coup de foudre contient l'entièreté des affects qui composent l'histoire d'amour qu'il déclenche ; il est, comme chez les troubadours, à la fois le poème et la dame. Et l'éclair qui fait naître l'amour en est déjà la parole.

Je reviens à la phrase de Bataille : dans l'amour, on est « rendu à l'univers ». Ainsi sort-on enfin de ses proportions étriquées, et rencontre-t-on à la fois le temps et l'espace. Car c'est lorsque les coordonnées du monde se troublent qu'on en fait l'expérience, et qu'on est enfin, comme on dit, « au monde » : telle est l'extravagance imperceptible (heureuse) de l'amour.

L'univers est lointain, fumeux, barré aux habitants de la Terre ; mais il se donne aux amants qui, dans leur vertige, s'y abîment en riant ; il les délivre de la subjectivité humaine et les accorde à la convulsion des planètes, à l'inconnu des étoiles, à l'intensité des nuits et des jours.

Mais Georges Bataille articule Éros à de sombres perspectives. C'est son fantasme. L'érotisme relève chez lui de la disposition fatale ; il est tout entier manière de placer son corps sous le couteau sacrificiel, de vivre la tragédie – d'être un dieu. Et Bataille aussi, à la fin, nous est étranger : il ne parle que pour son démon à lui. Car si l'amour déchire bel et bien la vie moyenne, s'il ressortit aux violences fondamentales qui font éprouver le caractère illimité de l'existence, il n'appartient pourtant pas nécessairement à l'effroi passionnel, comme voudrait nous le faire croire Bataille. L'amour ne s'identifie *a priori* à aucune souffrance, il n'est pas fasciné par la mort.

Je porte en moi un trouble. C'est lui qui me destine à rester régulièrement couché dans le silence. Une voix inconnue envahit alors ma gorge. Durant ces quelques jours, je n'ai plus de rapport avec la clarté. Les mots filent vers ce qu'ils ne disent pas ; leur brasier alimente un trou. À la question : « Qui suis-je ? » la jouissance répond : « N'approchez pas. » Allongé dans le noir, je cherche une parole qui chasse les démons. Un tel éclat, s'il existe, ne se donne ni au travail ni au temps : il s'agit de convertir un danger en faveur. J'attends alors qu'Éros cesse de brouiller mon existence – qu'il devienne une chance.

Une parole revient chaque fois dans la solitude. Je ne sais si elle se répète ; en tout cas, l'instant où elle arrive n'est jamais le même. Cette parole s'ouvre comme une source ; elle s'élargit comme un désert. Je la laisse faire, car rien n'est plus léger que son apparition : cette légèreté me ravit. Il m'arrive d'avoir peur qu'elle ne m'arrache entièrement à ma vie, mais j'oublie vite cette peur. Que vaut ma vie à côté d'elle ? Le monde dont on désire faire son profit présente une faille que la pensée croit trop facilement combler. Cette croyance est une erreur. Lorsque je glisse dans la parole, je n'ai plus aucune croyance, je ne « veux » plus rien. Les instants se baignent dans un calme sans but. Toutes les morts se traversent. La gorge *voit* l'innocence. C'est une parole qui, en naissant, remplace les démons.

17

Le baiser-satori

C'est à cette époque que je reçus une invitation pour le Japon. Pourquoi voyager lorsqu'on a la chance de vivre en Italie ? J'acceptai pourtant : ce voyage, me disais-je, me fera du bien : là-bas, au Japon, je serais coupé de mes démons – irreperable, délivré. Peut-être même deviendrais-je à nouveau léger, comme un trait de pinceau sur une estampe.

Je souhaitais cela : l'*expérience intérieure* – celle qui vous arrache à la confusion. J'espérais l'impossible : ressusciter ? J'acceptai le voyage et m'éloignai de l'Italie pendant une dizaine de jours.

Je me retrouvai assis dans un temple zen, à Fukuoka, dans le sud du Japon. C'était un après-midi de novembre, j'étais seul. Un espace de petits cailloux blancs s'ouvrait devant moi ; ils formaient des vagues ; trois rochers brisaient ces lignes. Aucun temps, aucun projet, aucun désir : ce jour-là, face au jardin du temple Joten-ji, j'existais à peine ; il n'y avait qu'un grand espace vide, dont la clarté me remplaçait.

Le décalage horaire ouvre un abîme sous les gestes. Une *autre temporalité* respire à côté de votre silhouette, prise d'un léger retard ou d'une discrète avance (votre ombre est claire). Chacun de vos mouvements a l'allure estompée d'un évanouissement, comme si un passager clandestin occupait vos sensations.

Face au jardin de pierres du temple Joten-ji, ce tendre espace ouvert où le gravier, les roches de kaolin et la mousse se parlent à voix basse, je n'arrivais pas à me concentrer, ni à me reposer, ni à penser – autrement dit : *je n'étais pas là.*

Je flottais ainsi, un jour de novembre, à l'autre bout du monde. Le ciel était blanc, l'après-midi dégagé. On m'avait indiqué quelques lieux à visiter, alors j'ai marché dans les rues de la ville. La clarté vous procure des visions heureuses, elles s'ouvrent et se ferment, parfois distraites : votre corps est de passage.

J'avais dans les poches de ma veste un petit livre de Georges Bataille : *Le Pur Bonheur*. Pas vraiment un livre, mais la photocopie d'un article, une douzaine de pages que j'avais glissées dans un mince portefeuille de cuir. Ça me plaisait d'avancer dans une ville inconnue avec des phrases de cet écrivain dont, je l'ai dit, j'avais pris la décision de tout lire, et dont j'avais presque achevé les douze tomes : avec Bataille ma pensée peut s'allumer à tout moment. Il suffit que j'ouvre le portefeuille, que je lise une phrase ou deux, et ma torpeur s'efface – à nouveau, je suis *là*.

Dans ce texte de 1958, Bataille met son corps en jeu : en méditant sur « ce qui arrive » et « ce qui n'arrive pas » (sur ce que la philosophie occidentale nomme l'événement), il perçoit qu'une violence embarrasse sa pensée. Cette violence le gêne, il craint qu'elle ne lui fasse perdre pied ; mais en débordant la raison, elle lui indique cette « impasse dans laquelle la pensée paralysée se limite », et lui confirme qu'au contraire son ivresse brise la limite.

Ce qui brouille la rigueur d'une pensée – et s'oppose à son développement – est en même temps ce qui la révèle. Un silence brûle ici, auquel Bataille donne le nom de « violation illimitée ». En déambulant ce jour-là dans les rues de Fukuoka, avec les pages de Bataille dans mes poches, je me sentais proche de ce silence : fidèle à son débordement, à sa drôlerie peut-être.

J'ai pris l'avenue Meiji-dori en direction de Gian, et arrivé à la rivière Naka, lorsque les rues s'élargissent vers les berges, un petit parc descend sur la droite. L'air est blanc, chargé d'atomes laiteux : il donne sur l'opacité de la mer ; j'ai traversé le parc, et me suis accoudé au parapet d'un petit pont. Sensation immédiate de connaître cet endroit – de le *reconnaître*.

J'avais lu, quelques jours plus tôt, le livre de John Hersey *Hiroshima, 6 août 1945, 8 heures 15*, où sept rescapés racontent comment ils ont vécu le bombardement, comment ils ont vu les corps se décomposer autour d'eux, et leur ville se changer en cendres ; ma mémoire, étrangement, projetait leurs témoignages ici, le long de la rivière Naka.

Je savais, bien sûr, qu'on n'était pas à Hiroshima, mais pour moi les scènes de ce livre déferlaient dans ce parc, au bord de l'eau. Je les revoyais, telles que les survivants les décrivent – comme si l'éclair blanc continuait à irradier. Les détails les plus macabres revenaient, avec une froideur sans mots.

Georges Bataille fait une recension du livre de John Hersey, au début de l'année 1947, pour la revue *Critique*. Dans ce texte fondamental – à l'époque, l'une des rares réactions occidentales à ce crime d'un genre nouveau –, il médite sur la césure historique qu'entraîne un tel événement. Une surenchère dans la destruction menace l'humanité tout entière : vivre, penser en sont profondément modifiés. Il existe une phrase très connue de Bataille : « Comme les pyramides ou l'Acropole, Auschwitz est le fait, le signe de l'homme. L'image de l'homme est désormais inséparable d'une chambre à gaz » ; celle-ci l'est moins : « Il vaut mieux vivre à hauteur de Hiroshima que gémir et n'en pouvoir supporter l'idée. » Je propose qu'elles soient pensées ensemble.

En marchant dans les ruelles de l'île de Hakata, je me disais : les corps japonais ont été les premiers cobayes de cette domination par le ravage qui aujourd'hui tient l'ensemble de la planète dans la servitude ; c'est eux, les Japonais, qui ont été l'objet du sacrifice ; c'est sur eux que la science a expérimenté la possibilité terminale : la disparition complète des corps.

(Les nazis gazaient, puis brûlaient les corps des Juifs, mais ils n'ont pas trouvé la solution pour les *éliminer sans reste*; les Américains, avec la bombe atomique, ont réussi, à Hiroshima et à Nagasaki, à désintégrer les corps – à les *effacer*.)

Pourquoi toujours ramener le Japon à son destin catastrophique ? Je me disais : rien, dans ces rues paisibles, n'appelle une telle pensée, et pourtant tout s'y rapporte : car avec l'explosion de la centrale de Fukushima le 11 mars 2011, la menace nucléaire *revient*.

Durant mon bref séjour au Japon, la présence de « Fukushima » – c'est-à-dire la triple catastrophe qu'on désigne sous ce nom (un tremblement de terre, un tsunami, une explosion nucléaire) – était constante ; et sous cette présence, je sentais discrètement sourdre, aussi bien dans les conversations que dans les non-dits, le spectre sacrificiel de Hiroshima et Nagasaki, intériorisé par les Japonais sur le mode d'une tortueuse culpabilité.

Kenzaburo Oé lui-même n'a pas hésité à rapprocher « Fukushima » des bombardements atomiques de 1945 : dans un entretien publié dans *Le Monde*, il qualifie l'explosion de la centrale nucléaire de « récidive », laquelle manifeste, dit-il, « la même inconséquence à l'égard de la vie humaine ». À l'adresse du gouvernement japonais, dont la politique a rendu possible une telle catastrophe, Kenzaburo Oé affirme avec une netteté implacable : « C'est là la pire des trahisons de la mémoire des victimes d'Hiroshima. »

En marchant dans les rues, je me disais : l'air qu'on respire est empoisonné par la destruction – *l'air est détruit.* Sa transparence, mais aussi les silences de la société japonaise portent au vertige, comme si l'éclair blanc avait touché le Japon tout entier, et comme si, finalement, l'ensemble du monde, enveloppé dans sa propre destruction, était *vitrifié.*

Ce qui a lieu sous forme catastrophique au Japon n'est pas seulement le résultat de l'incurie des consortiums et du gouvernement – dont la responsabilité est énorme –, mais le symptôme d'une dévastation plus large, qui touche la planète entière, et relève de l'incubation noire du nihilisme (Georges Bataille nomme cela, après la Seconde Guerre mondiale, l'« éclatement global »).

Les Temps modernes sont sortis de leurs gonds : une emprise technico-économique s'est substituée à la vieille idéologie du progrès. Cette substitution est sans limites : elle ravage tous les secteurs de la vie humaine, dérègle les climats, empoisonne l'agroalimentaire, asservit les rapports, étouffe le moindre souffle de liberté.

Je me disais : ce que vivent les Japonais rend visible ce qui, en Europe, demeure à l'état latent. Grâce au Japon, on comprend que le danger guette à chaque instant, et que ce danger n'est pas représentable. En cela, les Japonais sont en première ligne : exposés sur une ligne de crête.

Et voici que lors d'une promenade de rien, j'étais assailli à mon tour. Pris dans cette endurance. Tourné vers ce qui apparaît quand on touche à l'existence.

Les impacts ne se laissent saisir qu'à travers le détail, ils s'éprouvent par fragments, le récit n'est plus tellement fiable. Dans les marges du texte de Bataille, j'ai griffonné en vitesse quelques phrases : elles disent que le récit, pour toujours, sera troublé.

Un tel trouble, en retardant ma pensée, la désigne. La simplicité de mes expériences tient à ma confiance en tout ce qui se présente : je suis disponible, jusqu'au vacillement.

Est-ce que je cherchais quelque chose à Fukuoka ? Je ne sais pas, une clarté sur le temps, peut-être – sur ce qui revient. Ici, me disais-je, on touche à une vérité concernant l'anéantissement, on est sur les lieux du crime, *le néant est dans l'air* (la formule est imprécise, mais c'est ainsi qu'elle m'est arrivée).

Je raisonnais à grandes lignes : des corps étaient là, ils ne sont plus. J'entrevoyais une équivalence entre ces deux états, comme si l'existence et l'anéantissement relevaient du même registre, et qu'entre eux se trouvait moins de contradiction que d'égalité.

Quelque part, sur un plan auquel le décalage horaire m'invitait (tout en m'en brouillant l'évidence), exister et être anéanti coïncident. Ils ne sont pas la même chose, mais désignent un point qui leur est commun. Un point où les rapports se défont. Un point qui est extérieur à la logique. Un point qui n'est nulle part, qui n'est pas localisable, qui ne s'expérimente pas. Un point que Bataille nomme le « pur bonheur ». Qui donne à être aussi bien qu'à disparaître. Qu'on perçoit dans un instant de foudre, avec la pluie, à travers des pierres.

Être, ne pas être : je rôdais autour de ces évidences pompeuses ; j'avais bien conscience qu'avec elles on risquait de ne brasser que du vent, mais je désirais voir jusqu'où allait cette acuité bizarre du décalage horaire.

Alors j'ai repensé au jardin zen du temple de Joten-ji. Car l'air qu'on respire est plein de corps volatilisés, et cette transparence agit comme une mémoire. Est-ce que respirer relève, au Japon, d'une communauté avec les morts ? Face au jardin zen du temple de Joten-ji, j'ai pensé : ils sont là, contenus dans le gravier, chaque pierre mémorise une disparition.

On m'avait indiqué un autre temple, à Fukuoka – un temple où l'on entre à l'intérieur du Bouddha, une statue en bois de dix mètres de haut. Il était possible, me disait-on, d'en « traverser les enfers ». Cette expérience semblait importante pour mes hôtes ; elle m'intriguait.

Vers le milieu de l'après-midi, je suis entré dans ce temple – Tocho-ji –, dont les boiseries rouges se dressent au milieu des immeubles de la ville. Le grand Bouddha était là, au deuxième étage. Quelques touristes coréens s'égayaient. Une flèche indiquait l'entrée, sur le côté gauche de la statue. J'ai suivi les Coréens : *on est entrés dans le Bouddha à la queue leu leu.* (Écrivant cette phrase, elle me fait rire : mais son ridicule exprime avant tout le ratage de ma visite.)

À l'intérieur de la divinité, les Coréens riaient en se photographiant ; ils faisaient la chenille ; le tunnel allait en se rétrécissant ; nous étions dans le noir. À mi-chemin, excédé par la bousculade et l'obscurité, pris de panique, je suis revenu sur mes pas, je me suis enfui.

Dans un café, j'ouvre trois fois *Le Pur Bonheur* de Bataille. D'abord, je tombe sur cette phrase : « La confidence glacée de la Raison : – Je n'étais qu'un jeu. » Puis celles-ci : « Le fou est raisonnable, il l'est à contretemps, mais s'il était absolument déraisonnable, il serait raisonnable encore. Sa raison a sombré, égarée par des survivances de la *Raison*. » Enfin celles-ci, qui me parlent du grand Bouddha : « Je ne dis pas de l'image de Dieu qu'elle est réductible à celle du serpent ou de l'araignée. Mais je pars de l'effroi que m'inspirent, que pourraient m'inspirer, ces êtres négligeables. »

Un cri déchire la logique, il entraîne une perturbation des énoncés, qui tous alors se mettent à rire. J'avais pris ce livre sans savoir qu'il décrivait une expérience *zen* (le mot n'est pas prononcé). Comment nommer autrement ces états dont Bataille écrit que « l'expérience en est possible à partir de quelque chose que je supprime par la pensée » ?

Cette suppression me parle ; elle indique que le rien n'est pas seulement la même chose que ce qui prétend être, mais que ce rien est le sens – ou l'absence de sens – de ce qui est : « Le langage – écrit Bataille – ne désigne que les choses, seule la négation du langage ouvre à l'absence de limite de *ce qui est*, qui n'est *rien*. »

L'« absence de limite » qui ouvre « ce qui est » à l'illimité du rien : ma déambulation à Fukuoka, à sa manière fragile et dérisoire, en faisait l'expérience ; je sentais dans mes gestes, dans l'angoisse heureuse qui les destinait à des objets nouveaux et impalpables, cette extension qui met en cause vos facultés habituelles de pensée. Je ne me reconnaissais nulle part ; je ne pouvais rien *acquérir*; j'étais moi-même ce rien (devenu bonheur d'une immensité sans objet).

(Parler du Japon après y avoir séjourné quelques jours est aussi illusoire que de s'imaginer connaître une femme parce qu'on l'a embrassée ; mais à travers la bouffonnerie d'une telle illusion, c'est moins la prétention occidentale à tout rapporter à ses modèles qu'il faut lire, qu'un jeu avec son propre désir : si je ne me confrontais pas sans cesse avec l'inconnu, aurais-je la sensation d'exister ?)

Vers la fin de l'après-midi, je suis entré dans un troisième temple : Shofuku-ji. La brochure « Fukuoka City Visitor's Guide », qu'on m'avait donnée lors de ma visite au grand Bouddha, le présentait comme le plus ancien temple zen du Japon. J'ai à peine regardé l'immense et sombre pagode qui se dresse comme une montagne au milieu du parc : une lumière m'appelait, vers la gauche, sous les pruniers.

Durant ma déambulation d'un temple à un autre, le ciel était passé au gris. Allait-il pleuvoir ? Avant mon séjour au Japon, des amis français me disaient : « N'y va pas » ; ils m'assuraient que les informations concernant la radioactivité étaient fausses, que les autorités japonaises sous-évaluaient volontairement les risques de contamination afin de ne pas créer de panique et de masquer les dégâts qu'avait provoqués leur négligence ; une amie japonaise m'assura, quant à elle, qu'il fallait avant tout se protéger de la pluie, parce que celle-ci rabat les particules radioactives au sol.

Je me suis approché. À gauche de la pagode, c'était un mur. Un mur d'une beauté qui m'émeut encore en écrivant ces lignes. Je pense qu'il n'avait rien de particulier. Peut-être même est-ce cette absence de particularité qui lui donnait sa perfection. Je ne me souviens pas de sa couleur : je crois que, précisément, ce mur n'avait pas de couleur. N'avait pas de qualité. N'avait pas de forme. N'était ni haut, ni bas. Sobre absolument. Clair.

Je désirais voir de l'autre côté. Je sentais que derrière ce mur quelque chose me concernait.

Maître Dogen dit qu'un endroit calme, à l'abri du vent, de la fumée, de la pluie et de la rosée est requis : « Pensez au temps qui vole et engagez-vous dans l'expérience comme si vous vouliez sauver votre tête du feu. »

J'ai suivi le mur, jusqu'à une grande porte en fer-blanc, entrouverte. Une camionnette était stationnée devant, avec des sacs de terre et d'herbe ; des râteaux, des bêches dépassaient du coffre. Je suis entré : c'était un cimetière. Stèles grises, inscriptions en lettres d'or, fraîcheur.

Je suis incapable de décrire ce qui m'est arrivé dans ce cimetière. Rien, peut-être. En un sens, il n'est *rien* arrivé ; mais il est plus juste de dire qu'une chose m'est arrivée, qui est ce *rien*. Un rien dont la clarté, lorsqu'elle m'est tombée dessus, était extravagante.

Sans doute est-il vain, à notre époque, d'espérer troubler les coordonnées du monde puisque celui-ci tout entier est pris de démence : la conduite la plus folle ne dérangerait en rien le mouvement insensé qui à chaque instant jette à bas la planète, la société remarquerait à peine cette anomalie, cette « subversion » lui ferait l'effet d'une pichenette.

Ce jour-là, je ne cherchais que la paix : depuis deux années que j'habitais en Italie, j'étais devenu plus silencieux. Ma solitude s'était élargie, au point de coïncider avec un escalier, avec une rivière, avec l'esprit d'un animal lointain. (Je peux affirmer, aujourd'hui, sur un plan qui se dérobe, que je suis *séparé.*)

Entre les tombes, la nuit commençait. Un jardinier aux cheveux gris disposait des pierres sur une stèle et ratissait autour d'un prunier. À mon passage, il se mit à rire.

J'ai pensé au philosophe japonais avec qui Martin Heidegger dialogue dans *Acheminement vers la parole* : cet homme essaie, avec une lenteur nuancée, de trouver l'équivalent, pour les Japonais, du mot « être ». Je n'avais pas le livre avec moi, mais j'en voyais très bien les pages, comme si elles s'écrivaient dans l'air. Ma mémoire visualise toujours les phrases que je souligne dans un livre ; en voici une, que le Japonais prononce à l'intention de Heidegger : « Pour nous, le vide est le nom le plus haut pour cela que vous aimeriez dire avec le mot "être". » Je souriais. Ce jardinier, me disais-je, est l'interlocuteur de Heidegger : je suis donc le bienvenu.

Je n'étais pas calme, mais attentif au moindre détail qui pût délivrer mon corps de son attente. Les idéogrammes d'or sur la pierre grise me comblaient. La perfection graphique tranquillise. Mais on ne peut en rester là, on ne peut se satisfaire de joies esthétiques ; il y a autre chose : un trou – une béance effrayante au cœur de chaque instant – et c'est lui qui charge le temps de vous défier. Celui qui se contente de ces beaux soulagements qu'offre la beauté ne répondra jamais à l'appel que le trou lance vers chaque existence humaine (il ne l'entend même pas).

Il a commencé à pleuvoir. Je n'avais pas de parapluie, mais on m'avait donné, lors d'un achat dans une boutique, un sachet en plastique rouge. J'ai vidé son contenu dans mes poches, et je l'ai enfilé sur ma tête, comme une capuche. Le jardinier s'est approché, un râteau et une bêche accrochés sur chaque épaule, les mains dans ses poches. Il riait aux éclats, sans doute à cause de ma capuche en plastique, qui me donnait un air d'idiot. Je me suis souvenu d'un énoncé zen, lu dans un livre de Suzuki : « Les mains vides, je vais, mais regardez : la bêche est dans mes mains. »

Après le passage du jardinier, je suis resté là, debout, entre les tombes. Combien de temps ? Je ne sais pas. Heidegger, à la fin de sa vie, ne disait plus : « Le temps est », mais « Il y a temps ». Ainsi parlait-il comme son interlocuteur japonais, comme le jardinier. Faire l'expérience de la simplicité du temps est une faveur : cette simplicité n'est-elle pas l'autre nom du temps ?

La pluie était fine, il y avait les pierres, le mur, le prunier, et ma capuche. Chaque chose existait selon son repos. Je ressentais un amour précis pour elles. Et à travers cet amour, il y avait du temps – il y avait « temps ».

Une lanterne s'est allumée près du mur. J'ai sorti mon cahier pour noter – mais quoi ? Pas de mot. J'ai griffonné quelques lignes, un visage, des formes ouvertes. Tout semblait là, mais *sans rien* – comme si cet instant avait lieu dans une dimension où l'être n'a pas le dernier mot (où il y a autre chose que de l'être).

Dans le petit cimetière du Shofuku-ji, où la nuit est tombée comme une lame, j'ai eu la sensation que la netteté du zen, qu'on prend en Occident pour de l'harmonie, est avant tout ce brasier froid où la fulgurance dispose un monde depuis lequel être et ne pas être sont une même chose. Le rire du jardinier s'accorde avec une telle fulguration (le zen, me dis-je, est une phrase qui coupe la langue. Et le *satori* n'est-il pas visé, dans le zen, à travers de comiques subtilités ?).

J'ai entendu un bruit. Le portail du cimetière. On le fermait. J'ai couru, mais trop tard. Il n'y avait pas de poignée, ni de bouton : cette porte en métal s'enclenchait de l'extérieur. Il faisait nuit, maintenant. Un court instant, j'ai ri. Et si je restais là toute la nuit, prisonnier d'un cimetière ? Mon avion décollait le lendemain matin, il ne m'était pas possible de me prêter – même *pour voir* – à une telle comédie. Le lieu était devenu lugubre, j'allais prendre froid. J'ai grimpé le long du mur, en m'accrochant à du lierre. Je ne sais pas trop où j'ai trouvé la force d'escalader cette porte. En haut, j'ai sauté de l'autre côté. Je suis tombé dans le gravier, aux pieds de la camionnette qui démarrait.

C'est là, dans le gravier, sous la pluie fine, que c'est arrivé. Une extase ? Oui – l'instant où, comme me l'avait appris l'Italie, *le temps revient.* Où il se met à exister à votre place. Où il projette ce qui reste de vous dans toutes les directions. À Tokyo, quelques jours plus tôt, la chance m'avait offert de rencontrer une femme dont j'avais su immédiatement (ce savoir est fou, le hasard lui-même éclate de rire) que nous allions nous embrasser ; je l'avais suivie, la nuit, dans un bar de Shibuya. Avais-je vécu ce moment ou l'avais-je rêvé ? Peu importe. Les pieds dans le gravier, immobile, je revivais ce baiser. J'étais absorbé dans sa rondeur : le plaisir s'enroule sur lui-même, il glisse dans la bouche, comme de la pluie sur des pétales. À l'intérieur d'un baiser les éclairs tournent, le temps est mouillé, il se donne, c'est une jouissance.

Et voici qu'à travers ce baiser affluaient d'autres baisers : tous ceux qui trament l'histoire de ma vie amoureuse revenaient se vivre en un seul instant. Ils naissaient l'un de l'autre, comme les perles d'un collier, à la fois uniques et formant un seul baiser. Le passage de l'un à l'autre se faisait à une vitesse folle, comme si je clignais

les yeux dix fois en une seconde. Je n'« existais »
plus : je me promenais à l'intérieur d'un instant
ouvert, j'étais un sourire qui flotte dans un
monde de jouissances.

Qu'y a-t-il à l'intérieur d'un baiser ? Les lèvres
s'ouvrent parce qu'elles ont soif d'un temps qui
les comble. Un baiser réveille le passé en même
temps que l'avenir : défaisant la chronologie,
c'est la logique qu'il déchire. Dans l'instant du
baiser les corps sortent d'eux-mêmes : la subjectivité disparaît, le face-à-face est défait. Je ne crois
pas qu'alors on fasse UN : il ne s'agit pas de
fusion, mais de *satori*. En embrassant une femme,
s'anéantit ce qui vous attache à vous-même, au
temps, à l'espace. Vous n'êtes plus là – et en
même temps, *vous n'avez jamais été aussi bien là.*

L'extase contient le monde (et non l'inverse)
car elle est le lieu – l'espace libre – où être et ne
pas être jouent ensemble, et, mystérieusement,
coïncident.

(Je sais que ce glissement dans ma pensée
– dans ma promenade – entre les corps anéantis
de la bombe et ceux qui s'anéantissent dans un
baiser – les corps du coup de foudre – est risqué ;
je sais bien que ce vertige heureux qu'il y a dans
un baiser ne peut se comparer à la disparition
effective des personnes. Mais je raisonne depuis
le *satori*, c'est-à-dire depuis ce point qui sort du

mur, où des clartés reconsidèrent le rapport entre la destruction et un baiser.)

Tout peut être réduit, absolument tout est à disposition du ravage, la planète peut sauter mille fois, et les hommes s'entre-exterminer plus encore qu'ils ne le font, jusqu'à ce qu'il n'en reste aucun – mais est-ce qu'il existe encore quelque chose d'*irréductible*? Ce jour-là, j'ai pensé, en riant (ce rire était sérieux) : un baiser.

J'ai couru dans les rues de la ville. La pluie se déchaînait. Dans le miroir d'une vitrine, je me suis vu : j'ai arraché le plastique rouge de ma tête, et en souriant j'ai renversé mon visage vers le ciel.

18

Journée d'amour

Je revins de Tokyo avec un désir neuf. Barbara m'attendait à l'aéroport. C'était un matin d'octobre bleu, limpide, direct. La lumière de l'Italie m'ouvrait les yeux; j'avais oublié la couleur des maisons et la joie d'évoluer parmi ces roses, ces oranges, ces jaunes qui sourient comme des voyelles.

Barbara était radieuse; ses yeux noisette étincelaient. Elle avait composé cette journée pour nous deux; il y avait un itinéraire, qu'elle avait consigné sur un petit carnet de moleskine : tout y était prévu jusqu'au moindre détail, afin que nos retrouvailles soient une fête.

D'abord, elle m'emmena à Fiesole. Nous prîmes le chemin de Laurent le Magnifique – son *beau sentier gris et mauve* – qui mène, à travers les champs d'amandiers, jusqu'à l'une de ses villas, perchée là-haut sur la colline, dans un lacet de fraîcheur. En conduisant la voiture, elle chantait :

« *Donne e giovinetti amanti,*
viva Bacco e viva Amore!
Ciascun suoni, balli e canti!
Arda di dolcezza il core!
Non fatica, non dolore!
Ciò c'ha a esser, convien sia.
Chi vuol esser lieto, sia:
di doman non c'è certezza »

(Filles et garçons amoureux,
Vive Bacchus et vive Amour!
Qu'on chante et danse tour à tour!
Que vos cœurs brûlent de douceur!
Chassez les ennuis, la douleur:
ce qui doit être arrivera.
Soyez heureux, n'attendez pas:
demain n'est jamais sûr.)

Fiesole est une perle médicéenne; elle contient des matins éblouis, ces appels d'enfance et de voix pensives qui trament un pays clair; les jours là-bas sont vert et or. C'est *l'autre pays*, celui où l'on a été, sans le savoir: celui qui revient par bouffées, le soir ou dans les rêves. J'ai toujours pensé que Barbara venait d'ici.

À une trattoria, je commandai du vin blanc frais. Nous déjeunâmes de spaghetti aux fruits de mer, face aux ruines du temple étrusque. Pendant mon séjour au Japon, elle avait lu *L'Énéide* avec enthousiasme.

«Tu te souviens, dit-elle, de ce moment où Énée, après avoir abandonné Troie en flammes, fait naufrage: il débarque sur une île et ses premiers mots sont pour demander son chemin. Il dit : "*Italiam quaero*", c'est-à-dire "Je cherche l'Italie". Ça ferait un bon titre, non ? »

Elle ouvrit le livre et me lut la scène où Énée et Didon, partis ensemble à la chasse, se réfugient dans une grotte pour échapper à un orage. Tandis que des torrents roulent du haut des monts, ils s'étreignent à l'abri des éclairs. Virgile note que durant le temps de cette étreinte, « les nymphes hurlèrent ».

Le soleil d'automne peut brûler. C'était un beau jour de novembre, soyeux et fixe. Parmi les urnes funéraires que nous visitâmes, un cippe était marqué d'un phallus, avec une inscription : « HIC HABITAT FELICITAS ». Plusieurs autres étaient surmontés du nom des amants ; et, sur un sarcophage, le sourire d'un couple étrusque me déchira de bonheur : ils avaient la sérénité presque folle de ceux qui viennent de faire l'amour.

Au fond du musée archéologique, il y a un jardin avec une longue pelouse, une sorte de prairie bordée de stèles, et plus loin, caché par des buissons de lauriers, un banc sous une treille, à l'ombre d'un pin parasol, où il fait bon s'embrasser. Le ciel s'ouvre au-dessus de Florence, on plonge ici dans un azur humide. Les lieux où l'on a fait l'amour sont comme les œuvres d'art : le temps leur ajoute une beauté qui les approfondit. La véritable histoire d'un couple est celle de ses étreintes.

Au-dessus de notre lit, d'abord à Paris, puis aujourd'hui à Florence, nous avons suspendu une toile blanche. Ce n'est même pas un monochrome : juste une toile vierge. Grâce à ce vide au-dessus de nos têtes, le temps se déploie entre nous avec souplesse. Chaque nuit passée ensemble nous ouvre l'un à l'autre. C'est notre secret : le vide est une prairie ouverte.

En me laissant atteindre par la folie du monde, ne m'étais-je éloigné de cette prairie ? À sa manière discrète, Barbara m'y rappelait.

J'ai pensé à une scène dans Homère : Héra parvient à détourner Zeus du champ de bataille de Troie ; le cœur ouvert par le désir le plus doux, Zeus refuse de la suivre dans la chambre nuptiale : il l'invite à faire l'amour sur le sommet de l'Ida – là où le gazon, enveloppé d'une nuée d'or, baigné de rosée scintillante, s'offre pour les ébats.

Des fleurs croissent dans cette prairie : le safran, la jacinthe, la violette, la rose – ce sont celles qui teignent les vêtements d'Aphrodite. Ainsi les amants font-ils l'amour dans l'élément même qui colore la déesse de l'amour : lorsqu'ils s'étreignent, ils rencontrent la couleur de la divinité.

J'avais oublié que l'Italie ne se réduit pas au « BUNGA BUNGA » ; et qu'elle est aussi une *prairie amoureuse*. J'avais oublié qu'il est possible d'atteindre cette dimension où la destruction ne vous détruit pas.

Quelque chose sort d'un trou, s'illumine, vous fait signe, puis s'absente et loge dans une mémoire qui s'enfuit. Quelque chose vient vers vous et clignote : un buisson humide, une petite lumière, un détail mélodieux qui peuple vos pensées. Cette chose s'embrase toute seule, apparaît, disparaît ; elle n'a pas de nom, à moins qu'elle ne les ait tous.

Le silence de cette chose vous habite, il vous semble juste. En même temps, il a l'éclat des fantaisies : il ne cesse d'ouvrir des directions enchantées, de faire naître un passage. Les ressources se multiplient, sans but. Des vertiges se développent en dehors de l'espace et du temps.

Nous redescendîmes vers Florence, jusqu'au couvent San Marco, où Barbara avait choisi pour moi une Madone de Fra Angelico. Nous traversâmes le cloître sans nous attarder, sans même jeter un regard aux autres tableaux : l'idée, c'était de ne voir que cette Madone – de s'y consacrer.

Le visage de cette jeune femme ressemblait à l'une de ces demoiselles dont Barbara, dans la voiture, chantait les amours : « *Donne e giovinetti amanti / viva Bacco e viva Amore !* »

Et c'est vrai, les Madones du Quattrocento, celles dont Masaccio, Ghirlandaio et les autres inventent le nouveau corps, ne sont pas des icônes figées par l'imagerie catholique, mais des amoureuses jeunes et belles, qui veillent sur l'épanouissement du dieu (c'est-à-dire sur les jeunes artistes eux-mêmes).

Je regardais les traits de la Vierge : comment un visage peut-il à ce point conjurer la violence universelle, comment sa lumière peut-elle rivaliser avec le pouvoir et le crime ?

Fra Angelico accorde à ses Madones une blondeur, un teint de miel, une douceur timide qui les destine à creuser la paix : elles se détournent de la fureur des affaires humaines pour regarder ailleurs, vers cet intervalle qui se révèle le centre spirituel de toute chose.

Barbara m'indiquait le mouvement de l'Enfant, cette petite ascension qui déjà se dessine ; elle aimait particulièrement sa légèreté ronde, ses yeux à la fois souverains et absents, le ruban qu'il déroule dans sa main gauche, et sur lequel est écrite en latin une de ses paroles futures, recueillie par Jean : « Je suis la lumière du monde ; celui qui me suit ne marchera pas dans les ténèbres, mais il aura la lumière de la vie. »

C'était étrange de passer en quelques heures de l'érotisme antique à l'amour divin ; mais la renaissance – celle de Florence au xve siècle, celle aussi que notre époque étouffe – est fondée sur leur rencontre.

La mort du politique n'est pas qu'un *fait* ; c'est aussi un poison qui se répand dans les corps et les têtes afin de faire accroire qu'à part elle rien n'existe, qu'une seule chose a lieu partout sur la planète, et y règne.

Étais-je moi aussi sous l'emprise ? Je commençais à comprendre pourquoi Barbara m'avait mené jusqu'ici : contempler une Madone à l'Enfant, c'est rejoindre ce point solitaire en vous à partir duquel s'ouvre votre capacité à aimer.

Cette capacité est-elle chez vous éteinte, embarrassée ou au contraire active, ruisselante? La peinture vous dit la vérité.

L'art doit-il faire battre le cœur? Mais oui: pourquoi donc irions-nous fermer notre cœur à ce qui est *aimant*?

Nous avons sinué tous les deux derrière Santa Croce, dans le quartier des Ciompi: il y a un marché où de vieux grigous refourguent leurs luminaires, leurs meubles, leurs livres; puis nous sommes passés devant l'immeuble où Dostoïevski a écrit *L'Idiot.* Barbara souriait à l'idée que le prince Mychkine avait quelque chose de florentin; et moi j'imaginais la grande silhouette sombre de Dostoïevski déambulant dans les rues, le matin, à la recherche des journaux russes.

Florence était une ville de librairies; elles ferment toutes: ne restent que celles qui appartiennent à de grands groupes d'affaires. À la librairie des Servi, qui bradait tous ses livres d'art avant fermeture, je trouvai un gros volume à la couverture de tissu bleu, édité par l'Institut d'Archéologie de Rome, sur le lac de Némi. En regardant les gravures romantiques, les relevés topographiques, les photographies des objets retrouvés dans les navires de Caligula, nous revivions notre baignade. Oui, le temps revient, il n'en finit pas de revenir, notre journée a déjà eu lieu, elle se répète, comme se rejouent, dans l'ivresse, toutes les sensations d'une vie. En un sens, nous continuons à nous baigner. Chaque instant amoureux refonde la baignade. Nous nageons dans une prairie ici et ailleurs – partout. Même s'il nous est arrivé de parcourir ensemble des pays, il n'y eut jamais entre nous plus long voyage que cette promenade : les distances sont étrangères à l'émotion.

En débouchant, à la fin de l'après-midi, sur la piazza Santissima Annunziata, qui est la plus belle place de Florence, il m'a semblé que nous abordions sur un îlot : la limpidité voisine ici avec le détachement ; les pierres de Brunelleschi scintillent à travers une levée de lumière azurée.

La sensualité florentine est séraphique : elle brûle comme la glace. Sous l'agencement immuable de ses pierres, la piazza Santissima Annunziata est un jardin : j'en perçois le ruissellement féminin.

Un éclat vif ensoleille les volumes à notre passage, la place compose une étendue qui tourne sur elle-même. Nous nous asseyons sur les marches de la loggia dei Servi Maria, au bord des arcades où vogue une ombre heureuse.

Rimbaud a écrit : « Que les oiseaux et les sources sont loin ! » Aujourd'hui, il me semble au contraire que les oiseaux et les sources sont là : ils sont revenus, ils n'étaient jamais partis, ils se sont mêlés au temps, qui relance à chaque instant leur arrivée.

Il est possible qu'au centre de la place, entre les deux fontaines, vous voyiez la statue équestre du grand-duc de Toscane. Mais Barbara et moi,

nous ne voyons pas le grand-duc – notre extravagance est immense : nous voyons Éros.

Et pour nous, Éros n'est pas seulement la divinité qui éclaire la rencontre érotique ; elle
occupe, d'une manière plus mystérieuse, le fond
de chaque instant – elle est l'autre nom du
temps : un temps qui ne se compte pas, un temps
qu'on n'emploie pas, un temps qui se prodigue
à partir d'une étreinte.

C'est la nuit maintenant. L'air est frais, les
buissons frémissent. Nous montons vers la villa
Strozzi : il y a un festival de musique contemporaine, nous allons écouter un concert de Berio.

Barbara s'est changée dans la voiture, elle
porte des talons hauts, des bas noirs, une robe de
satin bleu nuit décolletée qu'elle protège d'une
cape de velours noir.

La lune sourit. Nous grimpons lentement le
chemin qui mène à la *Limonaia*, dont on aperçoit, de loin, les grandes baies vitrées. Des musi-
ciens s'affairent, le concert va commencer. Un
peu à l'écart, dans l'obscurité, un bosquet de
pins nous fait signe. J'attire Barbara derrière un
acacia, voici notre grotte : nous disparaissons en
riant dans l'ombre. Une voix de soprano arrive
du fond de la nuit, elle ondule dans un souffle
de cristal ; il y a de petits éclats mouillés qui
s'allument dans le ciel et des glaçons qui cli-
quettent contre les étoiles.

19

Le château de la parole

Nous visitâmes d'autres villes, nous passâmes d'autres journées parfaites. Il existe une porte invisible qui s'offre à nos démarches : on la franchit parfois sans le savoir, au début de l'après-midi, lorsqu'on s'allonge quelques minutes pour une sieste, ou vers vingt heures, quand une montée de sensibilité nous donne, avec le soir, les collines, la ligne des pins et des cyprès, tout ce violet froid des hauteurs qui s'enflamme ; alors, notre cœur est limpide, comme un couteau qui brille, et la rudesse toscane s'enlumine de poudre d'or.

Parmi ces voyages, qui nous menèrent à Naples, à Ravenne ou à Assise, à Reggello sur les traces d'un tableau de Masaccio, à Pise ou à Turin, il y en eut un qui nous conduisit dans les Pouilles, à la recherche d'un étrange château.

On a roulé sous un ciel gris-blanc depuis Bari ; il y avait des champs d'oliviers partout, des cerisiers en fleur dans la longue plaine des Pouilles ; puis une masse blonde a commencé à se dresser contre l'horizon : la plaine n'existait plus ; on ne voyait que cette forme implacable dans la lumière, et ces pierres d'une clarté de volcan – c'était le Castel del Monte.

Dès qu'on y est entrés, j'ai pensé : le monde n'est habitable qu'à la condition que rien n'en soit respecté. Je me suis répété cette phrase en traversant chacune des salles. C'était comme un mantra, dont la signification se précisait au fur et à mesure que je me familiarisais avec ces murs : oui, le monde n'est habitable qu'à la condition que rien n'en soit respecté.

Barbara et moi étions stupéfaits. Chacun est personnellement visé par ce château, chacun sent qu'une force illimitée de négation se repose entre ces murs : l'univers abrité par ces pierres est si dense qu'on perçoit à chaque instant le mélange de prodiges et de meurtres qui le compose. Je me disais : quelqu'un ici a tenté d'assassiner dans son esprit la possibilité même de Dieu – c'est-à-dire de briser en lui tout lien. Et nous qui venions de franchir le portail du château, nous avions senti ça tout de suite, avec cette joie un peu cruelle qui nous comble chaque fois que s'offre un débordement d'anarchie.

C'est l'empereur Frédéric II de Hohenstaufen, le souverain universel du Saint Empire romain germanique, qui commanda la construction de ce château, vers le milieu du XIIIe siècle ; on le considérait à la fois comme le Messie et l'Antéchrist, c'est-à-dire l'accomplissement vivant du sacré : il était le fléau de Dieu et le marteau qui frappe sur le monde, le *rex tyrannus,* autrement dit le diable en personne, celui qui « vit et ne vit pas », l'adversaire de l'Église chrétienne corrompue, qui concevait sa guerre contre le pape comme « œuvre d'amour », mais aussi ce grand corps mystique qui fait coïncider dans son nom l'histoire des Césars de Rome et la personne du Christ.

Sans doute est-il difficile d'aller plus loin que Frédéric II sur le plan spirituel : avec lui, bien et mal s'excèdent à travers une souveraineté qui les confond. Et lorsqu'on évolue dans le Castel del Monte, lorsqu'on déambule à l'intérieur de cet octogone parfait qui, en reproduisant le plan de Jérusalem, confère au château valeur de Terre sainte, c'est cela qu'on devine : la coïncidence, presque impossible à penser, entre les ténèbres et la lumière.

Barbara tenta de prendre des photos, mais elle se rendit compte qu'une telle masse ne tenait pas dans un cadre. C'est un château sans commencement ni fin, qui prend la forme rugueuse de l'infini. Il brise toute possibilité de ressemblance, parce que ses volumes tournent sur eux-mêmes, selon cette ligne de vertige qui se cache dans le cercle. Et puis il n'est pas en ruine, comme si le temps ne trouvait aucune prise contre lui. Sa rigueur géométrique l'accorde à la liturgie impériale, où s'exhausse, à travers l'impeccable circularité de son dessin, l'idée sacramentelle de procession. Passer d'une salle à une autre implique un cheminement spirituel, qui modifie notre présence – et c'est exactement ce qui arrivait.

Barbara me dit qu'il était impossible d'habiter dans ce château. D'ailleurs, il n'y avait ni écuries, ni cuisines. Parfois, violence et sobriété se confondent : elles excluent toute commodité – un tel lieu ne s'accommode d'aucun emploi du temps humain. À ce point d'intensité, le sacrilège et la piété s'équivalent ; les gestes, les symboles s'embrasent dans la dimension de l'ordalie ; la splendeur ne parle jamais que pour elle-même.

J'étais pris dans une rêverie depuis laquelle la solitude la plus dure m'envoyait des signes. Qu'y a-t-il à la fois de plus politique et de plus antipolitique qu'une forteresse sans emploi ? La poésie est un explosif. L'existence est poétique, ou elle n'est rien.

Je fais mienne cette phrase de Mandelstam que Pasolini a mise en exergue à *Pétrole*, son dernier roman : « Avec le monde du pouvoir, je n'ai eu que des liens puérils. » Cet enfantillage est comme du feu : c'est mon couteau.

Quels événements ont bien pu se dérouler ici, à cette époque de Croisades où Frédéric II, excommunié par l'Église, s'entoure d'une garde de Sarrasins et de lettrés du monde arabo-musulman qu'il met en contact avec l'Occident latin et le judaïsme ? Quelles fêtes, quelles chasses, quels sacrifices ? Rien, peut-être : l'événement, c'est le château. En tournant à l'intérieur de ses chambres, on a vite l'intuition qu'il a été bâti pour lui-même, et qu'en lui se brise l'idée d'utilité.

Qu'on ne me dise pas que Frédéric II n'est jamais venu au Castel del Monte. Sa présence est ici; c'est elle qui dicte à ces pierres le refus qui les anime. Un château se conçoit comme un trône: pas besoin de s'y asseoir pour y exercer le pouvoir. Un lieu n'a pas besoin qu'on l'habite pour *être habité*; dans un lieu consacré, il y a toujours QUELQU'UN. Ainsi Frédéric II occupe-t-il ces murs sans y être – comme un dieu. Lorsqu'il est mort, en 1250, le peuple n'y croyait pas. Selon Kantorowicz, un moine plongé en prières sur le rivage aurait vu alors une colonne de cinq mille cavaliers revêtus d'armures étincelantes entrer dans la mer: « C'est l'empereur Frédéric qui pénètre dans l'Etna avec ses guerriers. »

Le Castel del Monte serait ainsi l'image hallucinée du cratère-tombeau. Il offre en tout cas la forme parfaite de l'irréductible, c'est pourquoi il s'accorde si bien avec la personne de Frédéric Antéchrist.

Lorsqu'un empereur s'oppose à ce point à la spiritualité qui souhaite l'assujettir, il ordonne à la pierre d'affirmer son défi: le Castel del Monte, c'est le corps de Frédéric II – c'est son autoportrait. Cette couronne de pierres concentriques dressée face au monde, c'est sa tête; ces chambres de marbre où circule l'air houleux du refus: son esprit. Et ce point de fuite, au centre de la cour, où le ciel s'offre en miroir au vide qui l'accueille : est-ce que c'est son âme ?

Quelqu'un qui serait assez seul, et dont la solitude serait si dure qu'en lui ne survivrait aucune des idées qu'on prête aux humains, parviendrait ici à métamorphoser intégralement sa vie en rite. En écrivant ces phrases, j'ai la vision de Frédéric II se baignant la nuit dans le bassin en marbre qui, à l'origine, formait le centre de la cour. Le ciel se renverse dans un étrange baptême. L'empereur sourit. C'est ainsi qu'il revit l'instant du sacre. Rejouer son couronnement, c'est l'acte mystique par excellence.

Celui qui se contente de « visiter » le Castel del Monte sans mettre en jeu sa raison ne peut espérer s'ouvrir à son mystère. Toutes les interprétations sont fuyantes. Seule importe l'expérience qu'on en fait, et les quelques secondes qui vous éclairent. Car voici qu'en gravissant l'escalier en colimaçon, m'est revenue l'image de ce château de lumière où pénètre Dante, au début de *L'Enfer*, et à l'intérieur duquel Virgile et lui, « *parlando cose che'l tacere è bello* » (en parlant de choses qu'il est beau de taire), rencontrent les poètes antiques. « Ceux qui savent », comme les appelle Dante, sont pour l'éternité dans les limbes : ils parlent, et leur parole les sauve.

J'ai vu cette lumière au Castel del Monte, j'ai entendu cette parole. Au premier étage, un banc de pierre fait le tour de chacune des salles. La

Grande Cour de Frédéric II se réunit là, autour du trône. Les savants, les poètes parlent dans les sept langues que connaît l'empereur ; le savoir circule de salle en salle. Ainsi le château se révèle un lieu de spéculation intellectuelle, comme deux siècles plus tard, certains palais de Florence, autour de Laurent de Médicis. Les mathématiques, l'astrologie, la poésie, la musique, la philosophie tournent à travers la parole qui les conjugue. La parole s'ouvre en cercle. Celui que forme le château fonde une chevalerie du savoir.

Le Castel del Monte est un art de mémoire ; le temps s'y abrite comme un stock de pensées. Si vous tendez l'oreille, celles-ci vous sautent au visage. Est-ce qu'elles vous veulent du bien ? Vous commencez à sentir ce terrible calme qui crépite à l'intérieur de la foudre ; vous entendez des paroles très anciennes, et qui vous semblent neuves, peut-être cette conversation que saint François d'Assise et Frédéric II ont eue, selon Kantorowicz, à Bari, aux alentours de 1222, et dont la délicatesse imprègne ces pierres.

Voici que vous tendez l'oreille au bruit du temps, comme Frédéric II lui-même, seul au centre de son château, laissant venir à lui les paroles qui s'échangent autour de sa tête, et les faisant jouer ensemble. Sa tête se métamorphose : l'instant arrive où, grâce aux voix qui la couronnent, elle se dégage. La voici disponible, elle s'ouvre à la chose redoutable et splendide : cet élément sacré qui flamboie dans la parole.

Vous aussi, maintenant, vous y accédez. C'est

inépuisable, soudain. Ce sont des nuances de faveur, comme des joyaux qui crépitent. C'est peut-être ça, le savoir absolu que cherchait Frédéric II, ou alors le non-savoir qui en est la forme suprême, et qui vous délivre. Vous êtes là, flottant sur un point d'abîme, seul avec la *vraie nature de la noblesse.*

20

La lumière réelle

Voici une autre de mes aventures, sans doute la plus importante, celle qui m'a *sorti de la crise*. Elle a lieu au couvent San Marco, l'endroit de Florence où, durant ces trois années, j'ai passé le plus de temps. Barbara m'y avait mené une fois pour voir le visage d'une Madone, et j'étais revenu parce que j'aimais ces murs.

Au fond, je n'ai fait que ça en Italie : contempler des murs. Quelque chose brûle à chaque instant au cœur du visible, qui déchire la frontière entre la lumière et l'obscurité. Ce feu, à San Marco, est calme. Je m'y reconnaissais.

Un après-midi sombre et pluvieux, tandis que je contemplais l'*Annonciation* que Fra Angelico a peinte sur le mur du corridor, il y a eu une panne d'électricité : la lumière du couvent s'est éteinte.

L'*Annonciation* m'est apparue sous un jour nouveau : le mur a d'abord plongé dans le gris, puis ses couleurs se sont épanouies doucement, en se repliant sur elles-mêmes. Une lumière a monté depuis le fond, révélant peu à peu la matière qui la porte : une lumière naturelle, diffuse, fragile, qui émanait de la peinture, comme si la fresque l'avait absorbée au fil du temps, et qu'elle la libérait.

Étrangement, on la voyait mieux. On assistait à une émotion, celle qui appartient à la peinture elle-même – on *entendait* cette émotion. L'électricité est revenue, la lumière artificielle a effacé l'éclat de l'*Annonciation*. Pendant longtemps, je n'y ai plus pensé.

Je suis revenu souvent : j'aime regarder les cellules des moines. Leur vide m'apaise. À chaque fois, je revoyais l'*Annonciation* et j'étais frappé par ses proportions calmes, ses couleurs de flamme douce, sa courbure de recueillement. Mon corps n'en finissait pas de rencontrer sa forme, de lier amitié avec sa lumière ; il m'arrivait même d'approcher furtivement sa sérénité. Mais quelque chose manquait – une chose qui n'arrivait pas, qui demeurait suspendue, comme si la révélation dont cette fresque est le récit muet se réservait. Je crois que j'attendais de voir l'*Annonciation* comme elle s'était ouverte cet après-midi de pluie – c'est-à-dire *sans lumière*.

L'événement de l'Annonciation a lieu à l'aube. Un ami historien de l'art, Neville Rowley, a remarqué que contrairement à d'autres Annonciations, celle du corridor de San Marco ne représente pas le rayon divin qui touche la Vierge.

Selon lui, Fra Angelico avait choisi de *ne pas peindre le rayon* : la disposition de la fresque dans le couvent rend en effet possible l'arrivée sur elle de la lumière, le soleil provenant de la gauche par une fenêtre qui existait déjà à l'époque. Son hypothèse, c'était que le rayon n'avait pas eu besoin d'être peint parce que chaque matin la lumière venait *réellement* sur la fresque.

Le 25 mars, jour de l'Annonciation, Neville Rowley, Caroline Duchatelet – une artiste plasticienne qui désirait filmer l'événement – et moi, nous sommes allés au couvent San Marco assister à l'arrivée de la lumière, à l'aube, bien avant que n'arrivent les visiteurs.

Tous ceux qui regardent des œuvres d'art sont habitués, qu'ils le sachent ou non, à les voir à travers la lumière artificielle des musées. Cette lumière nous conditionne, elle aveugle les couleurs et leurs intensités. Or le visible n'est pas nécessairement ce qu'on voit, mais une dimension de ce que la lumière recueille. Cette dimension, il faudrait un œil nu pour la sentir.

L'aube est le moment où une telle expérience est possible : elle fait surgir la lumière dans sa vibration native ; et dans le cas de l'*Annonciation*, réalise *in situ* ce que la fresque représente, c'est-à-dire l'arrivée d'une lumière que l'ange destine à la Vierge, lumière qui est une parole (celle de Dieu) : lumière qui transporte avec elle une annonce et qui l'accomplit (cela s'appelle l'Incarnation).

Il fait encore nuit, il n'y a personne dans les rues, nous arrivons au couvent San Marco. Nous frappons à la porte, on nous mène à travers le cloître jusqu'à l'*Annonciation*; nous nous installons face à elle, sur les marches de l'escalier qui mène au corridor.

On éteint les spots. Il fait noir dans l'escalier, la fresque semble lointaine, pâle, voilée. On discerne l'Ange et la Vierge, la forme du portique, l'immense douceur de l'espace. On ne voit pas bien, et pourtant, même dans le noir, *il y a de la lumière.* Elle semble abritée à l'intérieur de l'ombre. On dirait qu'elle respire. Le mur vibre.

Je cherche à formuler une émotion. Je suis allongé sur les marches, aux pieds de la fresque ; je ne cesse d'écrire ce que je vois et qui me trouble ; je guette. On croit toujours que l'émotion coupe la parole, mais c'est le contraire : l'émotion n'est-elle pas le cœur du langage ? Rien d'autre, au fond, ne se dit que le trouble : le langage lui est dévoué.

Nous regardons sur la gauche, au bout du couloir, la fenêtre par laquelle la lumière du jour doit faire son apparition. Nous attendons la venue du rayon qui manque sur la fresque, et qui doit à la fois l'éclairer naturellement et accomplir le sens de l'œuvre, tout entière ouverte à l'éclat de la parole.

L'Annonciation, est-ce cela qu'on voit à toute heure du jour et de la nuit : la rencontre entre l'Ange et la Vierge Marie sous un portique aux formes claires ? Ou bien est-ce le moment précis où le rayon s'allume – où la lumière illumine le corps de la Vierge ? Autrement dit : à quelle heure a lieu l'Annonciation ? Y-a-t-il un moment précis où *ça a lieu* ?

Nous attendons. À force d'attendre, il me semble que l'Ange et la Vierge attendent eux aussi. Ils sont là de toute éternité, figés dans les pigments beiges, roses et bleus de Fra Angelico, et pourtant l'événement qui les consacre n'appartient qu'à l'éclair d'un instant.

Le jour ne s'est pas encore *levé*, comme on dit. Et pourtant on voit. La fresque est pâle – cette pâleur est d'une intensité douce. Il existe une émotion des moments éteints. Quelque chose de la buée – de la respiration – semble composer cette scène encore enfouie dans son propre voile.

Je me suis souvent demandé comment vivent les œuvres d'art la nuit, quand personne ne les voit. Il me semble parfois qu'un secret circule entre elles, dans le calme rassemblement de leurs solitudes. Le regard des humains fait-il vraiment partie du monde de l'art ?

Lorsqu'on regarde cette *Annonciation*, on est envahi par un calme dont la profondeur s'accorde au silence. La lumière, c'est du silence qui respire – un silence qui trouve sa justesse. Et peut-être ce silence est-il l'élément de la pensée qui se recueille en elle-même.

Une telle pensivité est l'autre nom de la lumière. Que cette lumière flambe à travers la fresque, comme nous espérons le voir, ou qu'elle se tienne en retrait dans un voile de pâleur grisée, ou même qu'elle module son apparition par paliers de frémissements – *la lumière pense*. Et en même temps, elle accorde sa pensée à ce qui est peint.

Je regarde ce rectangle blond qui fait encore partie de la nuit. On est dans le noir. J'écris ces lignes avec une lampe de poche. Les yeux s'habituent à l'obscurité. L'Ange est visible, mais le visage de la Vierge est encore protégé dans son ombre, en arrière de lui-même, comme si elle réservait son apparition.

L'Ange arrive par la gauche, Marie est sous le portique de la maison, assise sur un tabouret, les mains croisées sur la poitrine. L'Ange plie à demi un genou, il salue respectueusement Marie, qui a été choisie par Dieu pour engendrer son fils. Son annonce est-elle déjà faite ? Et avec elle le consentement de celle qui devient la Vierge ? L'instant qu'on voit peint sur ce mur n'est dans aucun temps : autrement dit, c'est une illumination. L'extase y est concentrée, c'est pourquoi son élément est le calme propre à la lumière.

Les yeux s'habituent à l'obscurité, et en même temps la lumière arrive doucement. Il y a un moment, on se dit : viendra-t-elle ? Est-il possible que la lumière ne vienne pas – que le jour ne se lève pas ?

L'attente est elle-même une épaisseur ; elle imprègne le temps. L'attente est à la fois la substance et la forme du temps. Relève-t-elle d'une étendue ? Au bout d'un certain temps, mon attente prend la forme de ce rectangle où deux corps tendent leur visage l'un vers l'autre. Je fais l'expérience d'un appel dont la douceur est impérieuse.

L'*Annonciation* s'adresse à chacun de ceux qui la regardent, comme elle s'adressait aux moines qui passaient devant elle pour rejoindre leur cellule. En témoigne l'inscription en bas de la fresque : « *N'oublie pas de dire l'Ave Maria quand tu passes devant cette fresque.* »

Le silence qui habite la fresque se diffuse à nos corps qui se tiennent maintenant dans le calme qu'elle leur prodigue. La partie gauche de la fresque, c'est-à-dire le jardin, sort lentement des ténèbres. La fresque *vient*; elle semble se lever doucement depuis la lumière, comme si celle-ci exerçait une *poussée* dans l'air.

Chaque regard contient une attente, chaque regard mesure son attente. Le corps se dispose en fonction de ce qui l'anime. Je suis maintenant complètement couché dans l'escalier, embusqué, le regard tendu vers l'Ange et la Vierge, comme à la chasse.

Le jardin s'annonce. C'est la lumière qui a fait le ciel, la terre, la mer et les arbres. La lumière de la Genèse qui rejoue le temps de la naissance. Elle vient du jardin, c'est-à-dire du premier temps, celui d'Éden, et s'ouvre à ce nouveau lieu qu'est la parole évangélique. La parole qui traverse un corps fait de celui-ci le lieu d'une naissance. Un tel prodige est valable pour la vie de l'esprit, mais aussi pour l'art.

Voici que les ailes de l'Ange sortent de l'ombre. Leurs couleurs sont celles du jardin : des verts, des rouges, des jaunes. Elles portent la lumière de *ce qui vient d'avant* – depuis la gauche, depuis le petit jardin clôturé d'Ève ; puis s'ouvrent en dégradé vers ce qui advient de la rencontre avec la Vierge, nouvelle Ève, dont le jardin est maintenant intérieur.

Ce n'est pas encore un rayon qui passe, mais une ouverture de l'intérieur. Les couleurs se lèvent. Toute la fresque est appelée par le corps de la Vierge, par son étrange courbure d'accueil. La lumière se dirige lentement vers elle. Espace ovale où se tient la Vierge, dont le corps lui-même compose une figure ovale. Elle est l'espace qui reçoit la nouvelle que lui apportent l'Ange et la lumière : celle de la fenêtre, celle de la parole de Dieu.

Nous sommes le 25 mars, et c'est un 25 mars que Jésus mourra. L'*Annonciation* raconte une Incarnation qui annonce elle-même, à travers la fenêtre grillagée en croix de la cellule derrière la Vierge, une crucifixion.

Des cloches retentissent. La lumière baigne l'Ange, elle imprègne ses ailes, puis son corps incliné vers la Vierge. Le visible est imprégné, la fresque *baigne*. La lumière est ce qui révèle le bain.

Voici que le visage de la Vierge sort de la nuit. Mais elle n'est pas encore éclairée ; elle prend lentement sa consistance de douceur, elle naît peu à peu à la parole qui la réveille : elle est *luminée*.

Tout apparaît avec une simplicité qui découle de la lumière. Celle-ci vient avec l'Ange, qui accorde le temps d'*avant* à celui de maintenant. La lumière était là, depuis toujours, elle ne demandait qu'à être révélée par la parole.

Le corps de la Vierge s'éclaire depuis elle-même, il est fait de la même matière que la chambre qu'elle habite. Le lieu et la Vierge sont une même chose. Il n'y a pas de limite à son corps, pas plus qu'elle ne se détache du lieu où elle se tient.

Impression soudaine, presque folle : l'ensemble de la fresque, le jardin, les arcades, les murs forment le corps de la Vierge, qui intériorise le monde lumineux.

Très vite, ça monte, ça se diffuse en verticales : la lumière est souple, tendre, blonde, sa douceur s'étale à mesure que le rayon grandit vers la robe de la Vierge. Je comprends d'un coup ceci : *la montée de la lumière est le mouvement du temps.*

On assiste à l'invention de la fresque – comme si la lumière la peignait sous nos yeux, comme si la lumière qui l'habite l'autodécouvrait.

Évidence extatique de la lumière. Afflux soudain de clartés. On est requis – absorbé. Avec le mouvement de la lumière – avec son déploiement –, voici qu'on accède à un lieu hors de tous les temps parce qu'il est une figure du temps lui-même.

Les arcades qui protègent la maison de la Vierge, et semblent s'allumer l'une après l'autre, prolongent l'ouverture infinie du jardin, qui est à la fois celui du paradis (car la Vierge rachète le péché originel), et la figuration florale de sa virginité, que la palissade protège et clôt.

Il y a l'ombre, elle est là dès le début, et puis il y a la clarté qui sort d'elle. L'ombre protège la lumière. Une phrase de Heidegger me revient: «L'ombre est le témoignage aussi patent qu'impénétrable du radieux en son retrait.»

Le *radieux en son retrait*, n'est-ce pas la lumière réelle, celle en laquelle tremble l'invisible?

Les auréoles grandissent. Elles s'épanouissent avec la lumière. Ne sont-elles pas elles-mêmes lumière? L'auréole de la Vierge maintient son visage dans un abri qui l'accorde à la douceur de la lumière.

D'un coup, ça s'enflamme: l'Ange est traversé par un rayon de lumière d'une telle intensité jaune vif qu'elle en efface la présence. L'ange est *remplacé* par le rayon qui frappe la Vierge.

Alors, on voit bien que la fresque est composée en fonction de cette arrivée de lumière: elle l'attend. Cet éclair qui donne à l'*Annonciation* sa lumière est ainsi la figuration *vivante* de la présence divine.

Cet événement qui échappe au visible de la peinture, cette présence qu'on ne peut représenter, on ne voit plus que ça. C'est un débordement. L'univers y obtient sa présence qui resplendit partout dans l'immensité.

La lumière, écrit Marsile Ficin, est la joie de l'esprit. Elle accomplit le monde en lui offrant à chaque instant une naissance. La lumière est la forme des corps qu'elle met en vie.

Voici que l'intensité du rayon s'ajuste, on perçoit de nouveau l'Ange. La lumière, plus douce, monte vers le visage de la Vierge.

Présence pure de sa courbe éclairée par l'auréole. La lumière la touche, elle est lovée dans le consentement qui la gratifie. Une féminité infinie s'ouvre à l'événement qu'elle accueille. Une immense douceur inonde l'équilibre de la scène. La sensualité est une modalité du repos : lignes, rondeurs – on est dans le monde de la parole qui ouvre sans bruit.

Oui, la Vierge est penchée doucement sur son expérience intérieure. Recueillie, elle coïncide avec la lumière. Elle sait ce qui a lieu en elle et qu'on ne peut pas voir : la naissance d'un dieu. À travers son visage et ses couleurs rose et sable, la lumière s'offre, claire et pensive : elle est l'incarnation de la grâce.

Le rayon atteint l'extrémité droite de la scène, la lumière rejoint la Vierge, son visage, ses mains, son auréole, son tabouret. La parole de l'Ange se transporte en silence jusqu'à cette ombre discrète qu'on remarque sous le tabouret, derrière la Vierge. N'est-il pas écrit qu'elle sera « couverte » par une « ombre » ?

Ce grand silence qui passe entre l'Ange et la Vierge est une voix sans limites, comme celle qui brûle à travers un buisson. L'espace est maintenant entièrement éclairé. L'Annonciation a eu lieu.

21

Santo Spirito

Je suis assis à une terrasse, sous les châtaigniers de la place Santo Spirito. C'est un soir d'avril, l'air est doux, je bois un verre de chianti. Il y a des éclats de feu rose qui tournent dans l'ombre ; les feuillages vibrent, comme un brasier heureux. Qu'ai-je fait à Florence, depuis trois ans ? Il m'arrive de penser que le temps, ici, s'ouvre mieux qu'ailleurs.

Ce soir, avec l'humidité, le papier sur lequel j'écris ces phrases semble s'enrouler sur lui-même. La littérature veille sur un secret : *la parole prend la place des démons.* Elle ne les chasse pas ; mais avec un peu de chance, elle les retourne : si les phrases sont disposées avec justesse, selon le rite qui leur convient, elles ouvrent des portes.

Alors, on passe à travers le chas d'une aiguille : on regarde à l'intérieur de chaque mot, et l'on voit le temps se traverser lui-même, depuis le commencement du monde jusqu'à sa fin.

Je regarde autour de moi les clochards allongés, pieds nus, sur les pavés ; les chiens qui courent en tous sens ; les enfants qui mangent leur glace ; les jeunes gens qui rient, un verre à la main, sur les marches de l'église de Brunelleschi.

Lorsqu'on écrit plusieurs heures d'affilée, des brèches s'ouvrent en des points furtifs. *Fire walks with me.* On regarde par les failles de ce monde. À ce point, ni les pays ni la politique n'existent plus. Tout explose dans l'invisible. La liberté s'éprouve au bord des limites où la compréhension se décompose.

J'écris maintenant jour et nuit. Les cauchemars se traversent à la bougie – avec des mots. Cette voix qui chante en se baignant dans les phrases, cette écume où se combinent les lettres n'appartiennent à personne, mais elles accordent ici et là leur faveur : elles *reconnaissent les aimés.*

Ce soir, j'en suis sûr : le sacré n'a rien à voir avec la religion ; il est la présence, à l'intérieur du langage, de ce qui est aimé.

Si je parviens à me concentrer, si je reste disponible, si mes phrases maintiennent en elles l'intensité qui les ouvre aux fresques de Paolo Uccello et de Fra Angelico, aux bronzes de Ghiberti, aux pierres de Brunelleschi, alors la poésie ne s'interrompra plus en moi : je deviendrai entièrement l'expérience qui m'anime, je ne serai plus que poésie – ma vie sera un chant, une écoute vivante.

Je cherche à faire de chaque instant un éblouissement, à vivre selon la lumière intense que transmet l'amour, à explorer les occasions de liberté, à

« posséder la vérité dans une âme et un corps » :
je ne renonce à rien.

Je me lève, un peu ivre, et me dirige vers
l'Arno. Ce soir, les rues sont calmes – leur silence
est très ancien. Je connais un mur, près du fleuve,
qui me parle.

Voici les berges et les ponts, l'étagement des
maisons qui grimpent vers les collines, voici les
étoiles. Le mur est là, à ma droite. Je m'avance
vers l'inscription :

VITA-MORTE-VITA
(VIE-MORT-VIE)

C'est la formule de l'initiation. Je pose ma
main sur le mot « MORT ». Il disparaît : la mort
est dans mon poing. Je souris. On ne voit plus
que deux mots, répétés comme une louange :
« VIE-VIE ».

DU MÊME AUTEUR

Aux Éditions Gallimard

Romans

INTRODUCTION À LA MORT FRANÇAISE, coll. « L'Infini »,
2001.

ÉVOLUER PARMI LES AVALANCHES, coll. « L'Infini », 2003.

CERCLE, coll. « L'Infini », 2007 (Folio n° 4857). Prix Décembre.

JAN KARSKI, coll. « L'Infini », 2009 (Folio n° 5178). Prix Interallié.

LES RENARDS PÂLES, 2013 (Folio n° 5889).

Récits

JE CHERCHE L'ITALIE, coll. « L'Infini », 2015 (Folio n° 6218).
Prix littéraire de la Sérénissime 2015.

Essais

PRÉLUDE À LA DÉLIVRANCE, de Yannick Haenel et François
Meyronnis, coll. « L'Infini », 2009.

Collectifs

LIGNE DE RISQUE, 1997-2005, sous la direction de Yannick
Haenel et François Meyronnis, coll. « L'Infini », 2005.

Entretiens

Philippe Sollers, POKER, entretiens avec la revue *Ligne de risque*, avec
la collaboration de François Meyronnis, coll. « L'Infini », 2005.

Chez d'autres éditeurs

À MON SEUL DÉSIR, *Éditions Argol/Réunion des Musées Nationaux*,
2005.

LES PETITS SOLDATS, *Éditions de La Table Ronde*, 1996 (La Petite
Vermillon, 2004).

LE SENS DU CALME, *Mercure de France*, coll. « Traits et portraits »,
2011 (Folio n° 5508).

DRANCY LA MUETTE, avec des photographies de Claire Angelini,
Éditions Photosynthèses, 2013.

COLLECTION FOLIO

Composition : IGS-CP à L'Isle-d'Espagnac (16)
Achevé d'imprimer par Novoprint
le 25 octobre 2016
Dépôt légal : novembre 2016

ISBN : 978-2-07-079390-7/Imprimé en Espagne

304851